Erste Schritte mit der Vision Pro

DER WAHNSINNIG EINFACHE LEITFADEN ZUM VERSTÄNDNIS UND ZUR NUTZUNG VON VISIONOS UND SPACIAL COMPUTING

Scott La Counte

RIDICULOUSLY SIMPLE BOOKS

ANAHEIM, KALIFORNIEN

www.RidiculouslySimpleBooks.com

diesem Buch. Alle in diesem Buch verwendeten Warenzeichen (einschließlich, aber nicht beschränkt auf Screenshots) werden ausschließlich für redaktionelle und pädagogische Zwecke verwendet.

Haftungsausschluss: *Bitte beachten Sie, dass dieses Buch trotz aller Bemühungen um Genauigkeit nicht von Apple, Inc. unterstützt wird und als inoffiziell betrachtet werden sollte.*

Inhaltsübersicht

EINFÜHRUNG

Entdecken Sie die revolutionäre Welt des räumlichen Computings, wie sie von Apples neuester Innovation, dem Apple Vision® Pro, zum Leben erweckt wird. Profi.

In diesem Leitfaden geht es nicht nur darum, ein Gerät zu verstehen, sondern auch darum, einen Schritt in die Zukunft der räumlichen Datenverarbeitung zu machen. Denjenigen, die ein Vision Pro besitzen, wird gezeigt, wie sie es verwenden können; für diejenigen, die einfach nur neugierig auf das Gerät sind, wird es zeigen, was es kann, und Ihnen helfen zu entscheiden, ob es etwas für Sie ist.

Dieser Leitfaden befasst sich mit den Funktionen, dem Design und dem transformativen Potenzial dieses bahnbrechenden Geräts. Es ist eine Erkundung, wie der Vision Pro die Bereiche Produktivität, Unterhaltung, Konnektivität und räumliches Computing neu definiert.

Sie werden es lernen:

- **Navigieren durch das Betriebssystem:** Entdecken Sie die intuitiven Interaktionsmöglichkeiten des Vision Pro, einschließlich Augenbewegungen, Handgesten und Sprachbefehlen.

- **Transformation des Arbeitsbereichs:** Erfahren Sie, wie dieses Gerät die Grenzen des Bildschirms überwindet und es den Benutzern ermöglicht, Anwendungen in ihre physische Umgebung zu integrieren und zu skalieren und so die Dynamik des Arbeitsbereichs zu revolutionieren.
- **Erhöhtes Unterhaltungserlebnis:** Entdecken Sie, wie der Vision Pro jeden Raum in ein persönliches Kino verwandelt und ein unvergleichliches Unterhaltungserlebnis mit fortschrittlicher Bild- und Tontechnologie bietet.
- **Aufnehmen und Wiedererleben in 3D:** Tauchen Sie ein in die Möglichkeiten der ersten 3D-Kamera von Apple, mit der Benutzer räumliche Fotos und Videos aufnehmen können, was der Erinnerungspflege eine neue Dimension verleiht.
- **Die digitale Konnektivität neu definieren:** Verstehen Sie, wie die Vision Pro virtuelle Interaktionen verbessert und so digitale Meetings und Kooperationen noch intensiver und effektiver macht.
- Und vieles mehr!

Die Apple Vision Pro ist eine Mischung aus digitaler und physischer Realität, die Erfahrungen ermöglicht, die bisher als unmöglich galten. Dieses

Buch vermittelt den Lesern ein umfassendes Verständnis der Fähigkeiten des Vision Pro und des Potenzials, das er besitzt, um das tägliche Leben zu verändern.

Hinweis: Dieser Leitfaden wurde mit dem Ziel verfasst, Ihre Vision Pro Erfahrung zu verbessern. Obwohl er nicht offiziell von Apple, Inc. unterstützt wird, bietet er eine Fülle von Wissen und Tipps, die Ihnen helfen, das Beste aus Ihrem Gerät herauszuholen.

[1]

Die Vision kennenlernen Pro

FÜR WEN IST DIESES DING?!

Die Vision Pro ist ein revolutionäres Gerät. Ihn zum ersten Mal aufzusetzen ist... ein unbeschreibliches Erlebnis. Ich könnte seine immersiven und naturgetreuen Qualitäten endlos preisen, aber Worte können sein Wesen einfach nicht erfassen. Es ist schlicht und einfach unglaublich. Als ich es zum ersten Mal benutzte, konnte ich nur daran denken, wie mein Kind in ein paar Jahren diese Technologie in der Schule nutzen und damit möglicherweise die Bildung verändern könnte. Stellen Sie sich vor, Sie müssten nicht einmal physisch in die Schule gehen - die Schüler könnten mit ihren Mitschülern interagieren und sie sehen, als wären sie direkt bei ihnen.

Es ist also für alle da, richtig? Nun, irgendwie schon, aber noch nicht ganz. Wenn Sie 3.500 Dollar übrig haben, warum sollten Sie ihn nicht kaufen? Sie könnten auch einen für Ihren weniger glücklichen Freund kaufen! Doch für die große Mehrheit von uns bleibt der Vision Pro unerreichbar - vorerst. Es ist in Sicht: Ähnlich wie das iPhone unser tägliches Leben revolutioniert hat, wird das Vision Pro dasselbe tun. Es wird erschwinglicher und leichter werden. Er ist schon jetzt hervorragend, aber es gibt immer Raum für Verbesserungen.

Um das klarzustellen: Der Vision Pro ist kein Beta-Produkt. Es ist ein ausgereiftes Gerät, das jedes andere seiner Art übertrifft. Es ist nicht einmal ein fairer Vergleich mit anderen Headsets.

Aber für wen ist sie eigentlich gedacht? Es gibt zahlreiche Anwendungsmöglichkeiten. Entwickler zum Beispiel sind eine wichtige Zielgruppe; wenn Sie an der Spitze einer Technologie stehen wollen, die unsere Arbeit und unsere Interaktion neu gestalten wird, dann ist Vision Pro unverzichtbar. Es ist ein Muss, um diese neue Plattform zu verstehen und für sie zu entwickeln. Für diejenigen, die viel unterwegs sind, ist Vision Pro ein entscheidender Faktor, denn es bietet einen riesigen virtuellen Büroraum, wenn der physische Platz begrenzt ist. Er ermöglicht konzentriertes Arbeiten auch in weniger idealen Umgebungen - achten Sie nur darauf, dass Sie einen bequemen Stuhl haben, um Nackenverspannungen zu vermeiden, die selbst bei guter Unterstützung auftreten können. Es ist auch das ultimative Unterhaltungsgerät für Filmfans; es verspricht ein Erlebnis, das jedem Fernseher überlegen ist, den Sie vielleicht besitzen, auch wenn es mit dem Nachteil der Isolation verbunden ist - Sie können einen Film auf der Couch nicht mit jemandem teilen, wenn dieser nicht sein eigenes Headset hat.

Wenn Sie sich Sorgen über Migräne und Reisekrankheit machen, können Sie sicher sein, dass diese Probleme weniger mit dem Erlebnis zu tun haben, sondern eher mit dem Gewicht des Geräts, das die Muskeln belastet. Auch wenn die Erfahrungen im Einzelfall variieren können, sind sich die meisten einig, dass die Bewegungskrankheit, die bei anderen Headsets auftritt, beim Vision Pro. Bei den ersten paar Malen, die Sie das Headset abnehmen, werden Sie sich vielleicht etwas komisch fühlen, aber das liegt vor allem am Grad der Immersion - Ihr Gehirn gewöhnt sich an neue Erfahrungen. Es ist wichtig, dass Sie sich allmählich daran gewöhnen. Stürzen Sie sich nicht in die aktive Bewegung, sondern lehnen Sie sich zurück, entspannen Sie sich und gewöhnen Sie sich an diese neue Erfahrung. Ich würde empfehlen, nicht länger als 20 oder 30 Minuten am Stück zu trainieren, wenn Sie das Gerät zum ersten Mal benutzen; und ich weiß, dass es sehr verlockend ist, an die Grenzen zu gehen, weil es so viel Spaß macht.

Wir stehen an der Schwelle einer technologischen Revolution, und da täglich neue Anwendungen entwickelt werden, wird die Vision Pro nur noch besser werden. Wenn Sie noch nicht davon überzeugt sind, dass Vision Pro das Richtige für Sie ist, ist das verständlich; aber überlegen Sie sich, ob Sie es in ein paar Jahren noch einmal ausprobieren wollen.

WAS IST, WENN ICH EINE MEDIZINISCHE BEDINGUNGEN

Vielleicht ist der Vision Pro etwas für Sie, aber was ist, wenn Sie zu Migräne neigen, schwanger sind oder andere gesundheitliche Probleme haben? Dann kann es sein, dass es nicht für Sie geeignet ist. Wie können Sie sicher sein: Sprechen Sie mit Ihrem Arzt, bevor Sie es verwenden.

Wenn Sie von Ihrem Arzt grünes Licht bekommen, finden Sie hier einige Hinweise:

- Beginnen Sie im Sitzen und steigen Sie langsam in weniger eindringliche Erfahrungen ein.
- Halten Sie Ihre Sitzungen kurz und bündig, mit vielen Pausen.
- Wenn Sie sich unwohl fühlen, schwindlig werden oder Ihre Augen überanstrengen, sollten Sie eine Pause einlegen.

Für Menschen mit medizinischen Geräten wie Herzschrittmachern, Hörgeräten oder Defibrillatoren könnte Ihr neuer technischer Freund, der Vision Pro möglicherweise etwas zu magnetisch sein. Auch hier sollten Sie also am besten Ihren Arzt oder den Gerätehersteller konsultieren, bevor Sie Vision Pro verwenden.

Wenn alles in Ordnung ist, denken Sie daran:

- Halten Sie einen sicheren Abstand zwischen Ihrem Vision Pro und allen medizinischen Geräten ein.
- Wenn Sie Interferenzen mit Ihrem Gerät feststellen, sollten Sie das Headset nicht mehr verwenden.

Hier sind einige eindeutige Anzeichen dafür, eine Pause einzulegen oder einen Arzt aufzusuchen:

- Alle Symptome, die mit Ihrer Krankheit zusammenhängen, tauchen auf.
- Ihr Arzt hat Ihnen Entwarnung gegeben, aber Sie fühlen sich trotzdem körperlich unwohl, schwindlig oder visuell belastet.
- Sie während oder nach der Anwendung Hautreizungen, Schwellungen oder Juckreiz feststellen.

Die Verwendung des Apple Vision Pro kann ein Riesenspaß sein, aber Ihre Gesundheit sollte natürlich an erster Stelle stehen. Sprechen Sie immer mit Ihrem Arzt, um ein sicheres und angenehmes Erlebnis zu gewährleisten. Es ist immer besser, auf Nummer sicher zu gehen.

APPLE VISION PRO MIT KORREKTIONSGLÄSERN

Was, wenn Sie denken, dass die Vision Pro für Sie ist, aber Sie sind wie viele andere Menschen:

Sie sind Brillenträger. Gute Nachrichten! Sie können Ihre Brille nicht direkt mit dem Vision Pro tragen (Sie können jedoch Kontaktlinsen tragen), aber es gibt eine Lösung: Zeiss Optical Inserts. Diese sind speziell für den Vision Pro entwickelt worden und eignen sich für eine Vielzahl von Sehstärken, auch für Astigmatismus. Wenn Ihre Brille einen Prismenwert hat, sind diese Einsätze leider noch keine Option.

Brauchen Sie sie? Ich brauche eine Brille nur für die Ferne, also dachte ich nicht, dass ich 149 $ ausgeben würde, aber ich bin froh, dass ich es getan habe. Es ist direkt auf meinem Gesicht, warum also die Mühe? Weil die Tiefe des Bildes weit weg sein kann. Ich habe es mit und ohne ausprobiert, und es ist mit ihm verbessert.

Um diese Einsätze zu erhalten, benötigen Sie ein Rezept, das Ihren vollständigen Namen, Ihr Geburtsdatum und die Angaben Ihres Augenarztes enthält. Denken Sie daran, dass das Rezept sowohl Ihren Bedarf an Fern- als auch an Nahkorrekturen abdecken muss und nicht abgelaufen sein darf. Und hier noch ein Tipp: Kontaktlinsenrezepte reichen hier nicht aus.

Wenn Sie ein Fan von Gleitsicht- oder Bifokalgläsern sind, haben Sie Glück, denn diese Einsätze decken die meisten dieser Bedürfnisse ab. Nachdem Sie Ihr Rezept eingeschickt haben, erhalten Sie innerhalb eines Tages eine Rückmeldung über die Verfügbarkeit Ihrer individuellen Einsätze. Bei mir hat es weniger als 5 Stunden gedauert, und obwohl es drei Wochen dauern sollte, waren die Einsätze zum Start schon bei mir.

Wenn Sie sich mit Ihrer Brille eher über den neuesten Bestseller informieren möchten, können Sie sich für die Zeiss Optical Inserts - Readers entscheiden. Es gibt sie in verschiedenen Stärken, passend zu Ihrer Lesebrille. Wenn Sie jedoch schielen oder sich bei der Verwendung der Vision Pro zu schielen oder sich unwohl zu fühlen, ist es vielleicht an der Zeit, einen Augenarzt aufzusuchen, um eine geeignetere Sehstärke zu erhalten.

Wenn Sie weiche Einstärkenkontaktlinsen verwenden, können Sie ohne zusätzliche Einsätze arbeiten. Bei harten Linsen kann es jedoch zu Problemen mit der Augensteuerung kommen. In solchen Fällen sollten Sie die Zeiss Optical Inserts oder eine alternative Kontrollmethode wie die Pointer Control in Betracht ziehen.

Was ist, wenn Sie eine Monovisionsoperation hatten oder Monovisionskontaktlinsen verwenden? Dann sollten Sie auf Zeiss Optical Inserts umsteigen, die auf einem Brillenrezept basieren.

Vision Pro ist ein technisches Wunderwerk, das Ihren Blick zum Navigieren nutzt. Aber wenn Sie unter Krankheiten wie hängenden Augenlidern, Schielen oder Nystagmus leiden, funktioniert diese Funktion möglicherweise nicht so reibungslos. Aber keine Sorge, das ist kein Problem. Die Eingabehilfen des Vision Pro Funktionen des Vision Pro helfen Ihnen, indem Sie mit Handgelenk, Kopfbewegungen, Fingergesten oder Sprachbefehlen navigieren können.

SCHLACHT DER VR

Als Sie von der Vision Pro hörten, war eines der ersten Dinge, die Sie sagten: "Das ist eine Menge Geld! Mehr als fast jedes andere VR-Headset da draußen." Apple wird Ihnen sagen: "Nun, das ist kein VR-Headset, sondern Spatial Computing". Aber das hält den Vergleich mit anderen Geräten nicht auf. In diesem Abschnitt werfen wir einen Blick auf drei Headsets: das Meta Quest 3 (wohl das beliebteste), das PSVR 2 (für Gamer) und die HoloLens 2 (Microsofts Antwort auf Mixed Reality und eines der besten Headsets für Unternehmen), und wir werden sehen, wie sie im Vergleich zum Vision Pro abschneiden.

META QUEST 3

Wenn es um VR geht, ist das Meta Quest das Gerät, auf das sich jeder stürzt. Das Headset sorgt seit mehreren Jahren mit jeder Generation des Geräts für Aufsehen. Werfen wir einen Blick darauf, wie die beiden sich vergleichen.

Preis und Erschwinglichkeit
- Meta Quest 3: Mit einem Preis von 499 $ ist die Meta Quest 3 als erschwinglichere Option auf dem

VR-Markt positioniert. Diese Preisstrategie deutet darauf hin, dass man eine breitere Verbraucherbasis ansprechen möchte.

- Apple Vision Pro: Mit einem Preis von 3.499 US-Dollar ist der Vision Pro ein High-End-Gerät, das auf einen Nischenmarkt abzielt. Sein Premium-Preis spiegelt seine fortschrittlichen Funktionen wider und richtet sich wahrscheinlich an Profis oder Enthusiasten, die das bestmögliche VR/AR-Erlebnis suchen.

Betriebssystem und Ökosystem

- Meta Quest OS: Das Quest 3 läuft auf dem Meta Quest OS, einer Plattform, die sich aus dem Oculus-Ökosystem entwickelt hat und für ihre robuste Bibliothek von Spielen und Anwendungen bekannt ist.

- visionOS: Apples Vision Pro arbeitet mit visionOS, das eine nahtlose Integration mit anderen Apple-Produkten und -Diensten bietet. Dieses Quest-Betriebssystem ist nicht intuitiv, aber VisionOS bietet eine einheitlichere und potenziell benutzerfreundlichere Erfahrung, insbesondere für bestehende Apple-Nutzer.

Kontrollmechanismen

- Meta Quest 3: Mit den aktualisierten Touch-Controllern wird eine Form der physischen Interaktion beibehalten, die vielen VR-Nutzern vertraut ist.

- Apple Vision Pro: Bietet ein Controller-freies Erlebnis, das Augenbewegungen und Handgesten nutzt. Dieser fortschrittliche Ansatz sorgt für ein intensiveres und intuitiveres Benutzererlebnis.

Qualität der Anzeige

- Meta Quest 3: Ein LCD mit einer Auflösung von 2064x2208 pro Auge sorgt für ein klares und lebendiges Seherlebnis.

- Apple Vision Pro: Verfügt über zwei 4k-Micro-OLED-Displays, die für professionelle Anwendungen und High-End-Spiele unerlässlich sind.

Verarbeitungsleistung

- Meta Quest 3: Der Snapdragon XRGen 2-Prozessor sorgt für reibungslose Leistung bei Standard-VR-Anwendungen.

- Apple Vision Pro: Ausgestattet mit dem Apple-Silizium-Chip M2, der für seine Effizienz und Leistung bekannt ist, was auf eine potenziell bessere Leistung hinweist, insbesondere bei anspruchsvolleren Anwendungen.

Design und Komfort

- Meta Quest 3: Der neue Quest-Formfaktor ist 40 % leichter und schlanker als sein Vorgänger, wobei der Schwerpunkt auf dem Benutzerkomfort bei längerem Gebrauch liegt.

- Apple Vision Pro: Die Apple Vision Pro hat ein hochwertiges, leichtes Skibrillen-Design; die Quest ist etwas leichter, aber beide sind schwere Geräte, an die man sich erst gewöhnen muss. Die Bänder von Apple fühlen sich jedoch viel hochwertiger an.

Sensortechnik

- Meta Quest 3: Verwendet Frontkameras für AR und Tracking, was für allgemeine VR-Erfahrungen ausreichend ist.

- Apple Vision Profi: Enthält mehr als ein Dutzend Kameras für erweiterte AR, Iris-Scanning, die alle einen ausgefeilteren Ansatz für die Benutzerinteraktion und die Abbildung der Umgebung bieten.

Audio-Erlebnis

- Meta Quest 3: Mit integrierten Lautsprechern und einer 3,5-mm-Klinkenbuchse, die Standard-Audiofunktionen bietet.

- Apple Vision Pro: Bietet fortschrittliches räumliches Audio mit High-Fidelity-Lautsprechern, die das Eintauchen und den Realismus des VR/AR-Erlebnisses verstärken.

IPD-Anpassung

- Meta Quest 3: Mit einem physischen Einstellrad können die Benutzer den Augenabstand manuell einstellen, um Komfort und Klarheit zu gewährleisten.

- Apple Vision Pro: Die Linsen passen sich automatisch an, was für mehr Benutzerfreundlichkeit und eine potenziell bessere Sehqualität bei einer größeren Anzahl von Benutzern sorgt.

Tracking-Fähigkeiten

- Meta Quest 3: Konzentriert sich auf Controller und etwas Hand-Tracking, ausreichend für die meisten aktuellen VR-Anwendungen.
- Apple Vision Pro: Bietet Ganzkörper-Bewegungserfassung über Kameras, eine Funktion, die die VR-Interaktion revolutionieren und neue Möglichkeiten für verschiedene Anwendungen eröffnen könnte.

Speicheroptionen
- Meta Quest 3: Ab 128 GB, Gerüchten zufolge auch in einer 512-GB-Version, die reichlich Platz für Spiele und Apps bietet.
- Apple Vision Pro: Der Vision Pro ist mit 256 GB, 512 GB und 1 TB erhältlich.

Passthrough-Kamera Qualität
- Meta Quest 3: Vollfarbiges Passthrough, das das AR-Erlebnis noch verbessert.
- Apple Vision Pro: Bietet ein unglaublich hochauflösendes Passthrough und setzt damit einen neuen Standard für die Klarheit und den Realismus von AR-Anwendungen. Das Meta Quest Passthrough ist in Situationen mit wenig Licht körnig; es reicht aus, um zu wissen, wo man sich in einem Raum befindet, aber es ist überhaupt nicht wie das HD der Vision Pro.

Akku Lebensdauer und Tragbarkeit
- Meta Quest 3: Bietet 2 bis 2,5 Stunden Akkulaufzeit, was typisch für aktuelle VR-Headsets ist.

- Apple Vision Pro: Bietet bis zu 2 Stunden Nutzungsdauer, was angesichts seiner fortschrittlichen Funktionen angemessen ist. Der Vision Pro wiegt etwa 1,3 Pfund und ist damit etwas schwerer als das Quest 3.

Die Meta Quest 3 und Apple Vision Pro richten sich an unterschiedliche Segmente des VR/AR-Marktes. Das Quest 3 bietet ein erschwingliches, benutzerfreundliches Erlebnis, das sich für Spiele und allgemeine VR-Anwendungen eignet. Im Gegensatz dazu ist die Vision Pro ein Premium-Gerät, das die Grenzen der VR/AR-Technologie ausreizt und sich an Profis und Enthusiasten richtet, die ein möglichst fortschrittliches Erlebnis suchen.

Viele Leute schlagen vor, dass wenn der Vision Pro Ihr Budget übersteigt, ist das Quest 3 eine gute Alternative darstellt. Ich glaube jedoch, dass dieser Vergleich nicht ganz zutreffend ist. Für diejenigen, die in erster Linie an Spielen und vielleicht Fitness interessiert sind und eine echte VR-Erfahrung suchen, kann die Quest 3 eine gute Option sein, wenn die Vision Pro unerschwinglich ist.

Wenn es Ihnen wie mir geht und Sie ein Headset für die Arbeit und die Produktivität benötigen, mit dem zusätzlichen Bonus der gelegentlichen Unterhaltung, dann ist das Quest 3 vielleicht nicht der beste Kauf sein. Angesichts der beträchtlichen Investition, die für ein Vision Pro erforderlich ist, ist es verständlich, wenn es Ihr Budget übersteigt. In solchen Fällen würde ich raten, auf die nächste

Generation des Vision Pro zu warten oder das Quest 4 in Betracht zu ziehen, je nach dessen Spezifikationen, die zum Zeitpunkt der Erstellung dieses Artikels noch nicht veröffentlicht wurden.

Auch wenn die Arbeit mit dem Quest 3 nicht auszuschließen ist, bietet es nicht den gleichen Bedienkomfort wie das Vision Pro. Es ist ziemlich schnell, vor allem für Windows-Benutzer, da es mit dem Betriebssystem kompatibel ist, im Gegensatz zum Vision Pro. Das Hauptproblem des Quest 3 ist das Bewusstsein, dass man es benutzt - die Bilder sind etwas unscharf und es fehlt ihnen an Schärfe. Im Gegensatz dazu bietet das Vision Pro ein immersives Erlebnis; wenn das Gewicht des Headsets nicht wäre, könnte man sogar vergessen, dass man es trägt.

PSVR 2

Meta Quest ist nicht das einzige Spiel in der Stadt - vor allem, wenn du ein Gaming-Headset haben möchtest. PSVR 2 wurde für die PlayStation entwickelt, du brauchst also eine PS5, um es zu benutzen. Aber wie schneiden sie im Vergleich ab? Finden wir es heraus:

Anzeige und visuelle Wiedergabetreue
- Apple Vision Pro: Ein beeindruckendes Display mit 23 Millionen Pixeln pro Panel, das die Auflösung der meisten 4K-Fernseher übertrifft. Diese

Funktion verspricht unvergleichliche Klarheit und Detailtreue bei visuellen Inhalten.

- PSVR 2: Verfügt über zwei OLED-Displays mit 2000 x 2040 Pixeln und 4K HDR-Fähigkeiten. Obwohl dies beeindruckend ist, scheint die Vision Pro in Bezug auf die reine Pixeldichte und Klarheit einen Vorteil zu haben.

Integration und Benutzerfreundlichkeit

- Apple Vision Pro: Bietet Vielseitigkeit mit seinen Mixed-Reality-Funktionen, mit denen Benutzer Apps mit ihrer Umgebung verschmelzen können. Das Gerät kann über eine Steckdose oder über eine Batterie mit einer Laufzeit von 2 Stunden betrieben werden. Außerdem verfügt es über einen externen Bildschirm, der die Augen des Nutzers anzeigt und so das Gefühl der Präsenz verstärkt.

- PSVR 2: Lässt sich nahtlos in die PlayStation 5 integrieren und wird über ein USB-C-Kabel angeschlossen. Diese Integration sorgt für eine problemlose Einrichtung für Spieler, die sich keine Sorgen um die Akkulaufzeit machen müssen.

Design und Interaktion

- Apple Vision Profi: Futuristisches Skibrillendesign mit schlankem und dünnem Profil. Sie verfügt über ein komfortables Plüschband und einen eleganten silbernen Farbton. Die Interaktion mit dem Gerät wird durch Sprache, Augenbewegungen und

Handgesten erleichtert und bietet ein Erlebnis ohne Controller.

- PSVR 2: Zwar ist sie nicht so ästhetisch wie die Vision Pro, aber sie ist auf Komfort ausgelegt. Die PSVR 2 erfordert die Verwendung von taktilen, leichten und benutzerfreundlichen Sense Controllern für die Navigation und das Gameplay.

Preis Punkt

- Apple Vision Pro: Der Vision Pro ist als Premium-Produkt positioniert und kostet happige 3.499 US-Dollar, was seine fortschrittliche Technologie und Mixed-Reality-Fähigkeiten widerspiegelt.

- PSVR 2: Die PSVR 2 ist mit einem Preis von 549 US-Dollar deutlich günstiger als die Vision Pro, was sie zu einer erschwinglicheren Option für VR-Gaming-Enthusiasten macht.

Die Apple Vision Pro und PSVR 2bieten zwar beide immersive Erlebnisse und hochauflösende Grafiken, richten sich aber an unterschiedliche Zielgruppen und Zwecke. Das Vision Pro ist ein High-End-Gerät für gemischte Realität, das sich für diejenigen eignet, die ein umfassendes und vielseitiges AR/VR-Erlebnis suchen, insbesondere für Streaming, Anzeigen und professionelle Anwendungen. Im Gegensatz dazu ist das PSVR 2 ein dediziertes VR-Gaming-Headset, das sich ideal für PlayStation 5-Nutzer eignet, die ein immersives Spielerlebnis suchen.

Du kannst Spiele auf der Vision Pro spielen - es gibt Tausende davon, wenn man all die iPad-Apps bedenkt, die in das Ökosystem integriert wurden. Aber die PS5 wurde für Spiele entwickelt, also wird es niemanden überraschen, wenn ich sage, dass die Spiele auf der PSVR 2 überlegen sind.

HOLOLENS 2

Und schließlich, wenn Sie dachten, dass das Vision Pro das einzige 3500-Dollar-Headset war, dann haben Sie wohl die HoloLens vergessen. Aber keine Sorge! Das haben alle anderen auch! Die HoloLens ist Microsofts Antwort auf Mixed Reality. Und ich weiß, was Sie jetzt denken: Microsoft hat MR?! Ja! Und es ist tatsächlich sehr cool. Sie arbeiten seit Jahren in diesem Bereich und haben Apple in vielerlei Hinsicht etwas voraus. Ist es ein überlegenes Gerät? Lasst es uns herausfinden!

Gestaltung

- Apple Vision Pro: Die Vision Pro hat ein schlankes, elegantes Design, das an eine Skibrille erinnert. Sie besteht aus Aluminium mit einem gebogenen Glasdisplay und strahlt eine moderne, verbraucherfreundliche Ästhetik aus. Dieses Design spiegelt Apples Bestreben wider, ein Gerät zu entwickeln, das nicht nur funktional, sondern auch modisch ist.

- HoloLens 2: Im Gegensatz dazu hat die HoloLens 2 einen industriellen Look mit einem visierähnlichen Formfaktor, der hauptsächlich aus Kunststoff besteht. Dieses Design ist eher utilitaristisch und betont die Funktionalität und Haltbarkeit, was für geschäftliche und industrielle Anwendungen wichtig ist.

Eigenschaften

- Apple Vision Pro: Die Vision Pro wurde in erster Linie für Verbraucher entwickelt und verfügt über ein breiteres Sichtfeld als die HoloLens 2, was zu einem noch intensiveren AR-Erlebnis führen kann. Ein weiteres wichtiges Merkmal ist der hohe Tragekomfort, der sie für eine längere Nutzung geeignet macht. Ein weiteres Highlight sind die "räumlichen Computerfähigkeiten" der Vision Pro, die innovative Interaktionen mit der digitalen Welt versprechen.

- HoloLens 2: Die auf Unternehmen ausgerichtete HoloLens 2 zeichnet sich durch fortschrittliche Tracking-Funktionen und eine nahtlose Integration in das Microsoft-Ökosystem aus, einschließlich verschiedener Unternehmensanwendungen. Dieser Fokus auf professionelle Anwendungsfälle verschafft ihr einen Vorteil in Umgebungen, in denen Robustheit und Präzision entscheidend sind.

Preis

- Apple Vision Pro: Der Vision Pro hat einen Preis von 3.499 US-Dollar. Dieser Preis positioniert ihn als

Premium-Produkt und spiegelt seine fortschrittliche Technologie und sein Design wider.

- HoloLens 2: Die HoloLens 2 ist derzeit zu einem Preis von 3.500 US-Dollar und 4.500 US-Dollar für die Enterprise-Edition erhältlich. Diese Preisstrategie unterstreicht den Fokus auf professionelle und industrielle Märkte, wo die Investition durch den Nutzen des Geräts für spezielle Anwendungen gerechtfertigt werden kann.

Die Apple Vision Pro und die HoloLens 2 sind zwar beide leistungsstarke AR-Headsets, dienen aber unterschiedlichen Zwecken und Zielgruppen. Das Vision Pro ist eine ausgezeichnete Wahl für Verbraucher, die bei einem AR-Headset Wert auf Stil, Komfort und ein breites Sichtfeld legen. Seine Fähigkeiten sind auf immersive Erlebnisse in der persönlichen Unterhaltung, beim Spielen und vielleicht bei leichten beruflichen Arbeiten ausgerichtet.

Andererseits ist die HoloLens 2 ideal für Unternehmen und professionelle Umgebungen geeignet. Die fortschrittlichen Tracking-Funktionen, die robuste Bauweise und die Integration in Microsofts Suite von Unternehmenstools machen sie zu einer praktischen Wahl für Branchen wie Fertigung, Gesundheitswesen und Bildung.

KAUF EINER VISION PRO

Die Vision Pro ist eine der einzigartigsten Kauferfahrungen, die Apple je angeboten hat. Um die beste Passform zu erhalten, können Sie in jedem Apple Store einen Termin vereinbaren und sich vermessen lassen. Wenn Sie das nicht tun möchten, können Sie die Messung auch auf Ihrem iPhone oder iPad durchführen (Sie können natürlich auch Ihren Computer verwenden, aber Sie werden an Ihr iPhone oder iPad verwiesen, um die Messungen durchzuführen). Mein Rat: Verwenden Sie ein iPhone. Ich habe es auf einem iPad Pro ausprobiert und fand den Vorgang etwas frustrierender - ich musste meinen Kopf in alle möglichen Richtungen drehen, um ihn zum Scannen zu bringen.

Außerdem empfehle ich dringend, den Scan zwei- oder dreimal durchzuführen. Beim ersten Mal habe ich ein mittleres Ergebnis erhalten. Bei den nächsten beiden Malen war es eine kleine. Das Light Seal wurde auch mit 21 und 23 Watt gemessen. Wenn es nicht möglich ist, in den Laden zu gehen, sollten Sie vielleicht beide abholen und dann diejenige zurückgeben, die nicht passt.

Wenn Sie zur Kasse gehen, werden Sie zunächst aufgefordert, Ihr Gesicht zu scannen. Der Vorgang ist schnell erledigt, aber achten Sie darauf, dass Sie viel Licht haben. In einem schwach beleuchteten Raum wird das nicht funktionieren. Beim ersten Versuch musste ich den Raum wechseln.

Wenn Sie schon einmal Face ID auf Ihrem Apple-Gerät durchgeführt haben, sind die nächsten Schritte ziemlich ähnlich. Sie scannen Ihr Gesicht, indem Sie in verschiedene Richtungen schauen. (Anmerkung: Verzeihen Sie mein Bild unten - ich bin an der Westküste, also war die Bestellung des Vision Pro war ein Weckruf um 5 Uhr morgens!)

Wenn Sie es einmal getan haben, werden Sie genau das Gleiche ein zweites Mal tun.

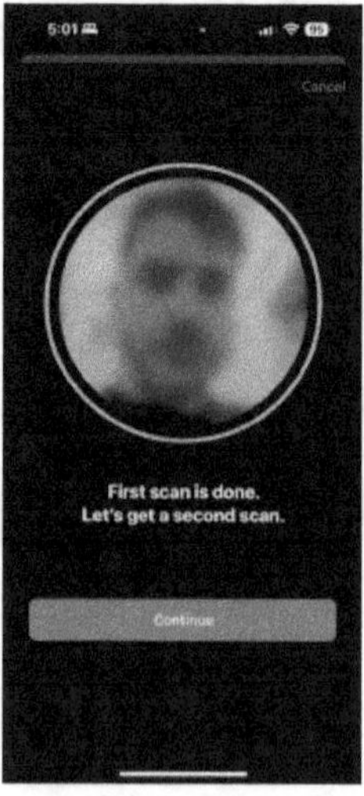

Sobald der Scan abgeschlossen ist, wird auf dem Bildschirm angezeigt, dass Ihr Gesicht vermessen wurde. Sie müssen ein wenig scrollen, um zum

nächsten Teil zu gelangen, nämlich zu den ver-
schreibungspflichtigen Brillengläsern.

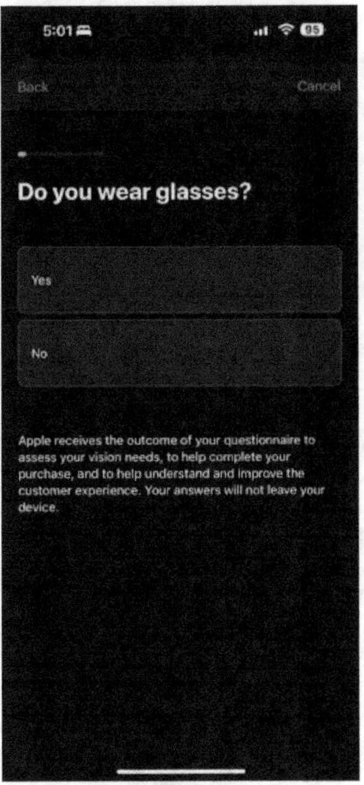

Der nächste Teil des Kaufprozesses ist einfacher:
Sie müssen nur ein paar Fragen dazu beantworten,
ob Sie eine Brille oder Kontaktlinsen tragen oder
ob Sie jemals eine Augenkorrektur hatten. So können Sie feststellen, ob die ZEISS Linsen ideal für Sie
sind.

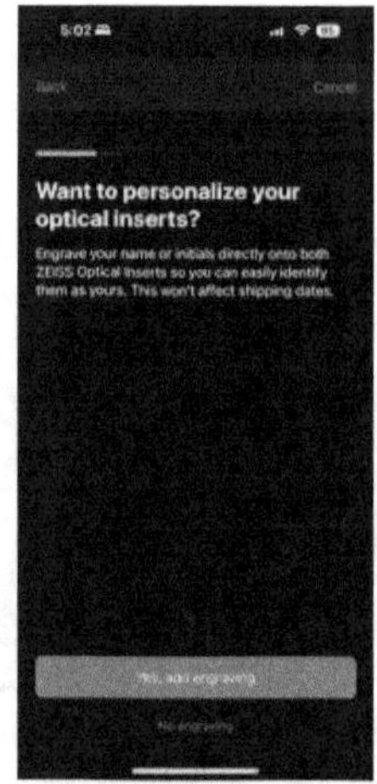

Sobald Sie diesen Fragebogen ausgefüllt haben, wird Ihnen entweder mitgeteilt, dass Sie die Zusatzlinsen nicht benötigen, oder Sie werden aufgefordert, Ihr Rezept hochzuladen. Sie brauchen Ihr Rezept nicht, um eine Bestellung aufzugeben. Sie können es überspringen und es später nachreichen.

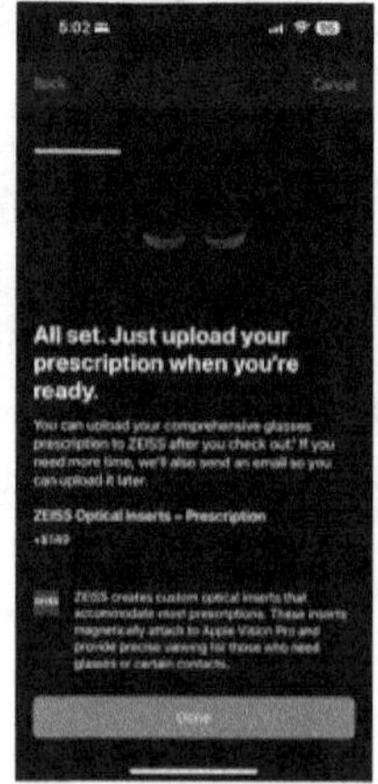

Der Rest des Kaufvorgangs ist ziemlich standardmäßig. Sie werden gefragt, ob Sie einen Zahlungsplan haben möchten, ob Sie Apple Care+ wünschen (springen Sie zu dem Abschnitt über Apple Care+, wenn Sie sich nicht sicher sind - Hinweis: Reparaturen ohne Apple Care+ können über 2.000 Dollar kosten) und ob Sie das Gerät in einem Geschäft abholen oder sich zuschicken lassen möchten. Wenn Sie das alles erledigt haben, können Sie Ihre Bestellung aufgeben und los geht's! Der gesamte Vorgang dauert etwa 5 bis 10 Minuten.

UNBOXING

Normalerweise mache ich keine Unboxings, wenn ich Anleitungsbücher veröffentliche; der Vision Pro ist jedoch kein typisches Produkt, deshalb mache ich es ein wenig anders. In diesem Abschnitt erkläre ich Ihnen, wie das Gerät verpackt ist.

Das erste, was Sie vielleicht überrascht, ist die Größe des Kartons. Es ist über 5 Pfund und ist größer als die Box für ein MacBook.

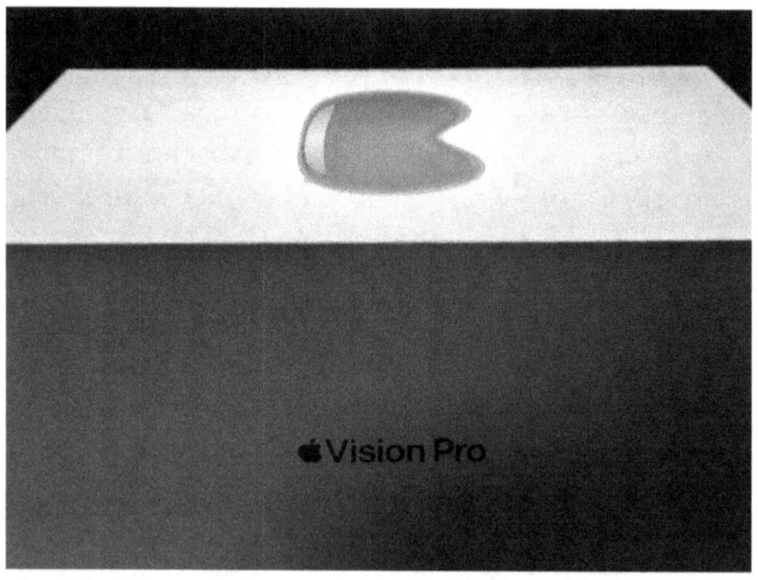

Damit Sie sich ein Bild von der Größe des Geräts machen können, zeige ich Ihnen das Belkin-Akku-pack (ein optionales Zubehör), das ich neben der Verpackung zeige.

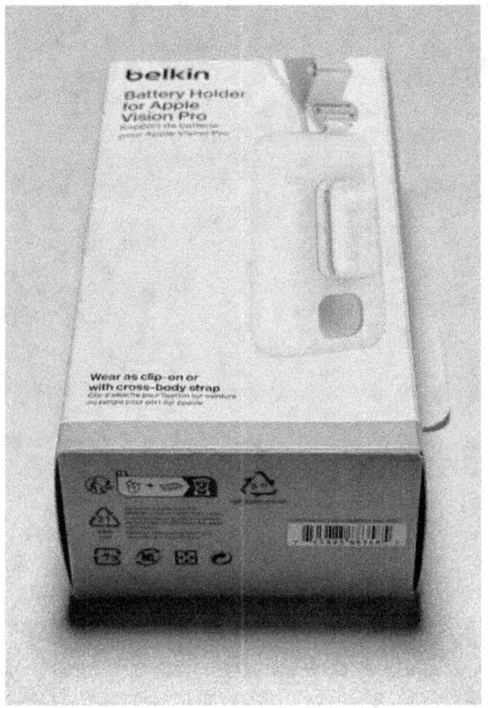

Hier sehen Sie die Vorderseite des Belkin-Akkuhalters; Sie können ihn entweder an sich selbst befestigen oder mit der Umhängeschlaufe um den Hals tragen.

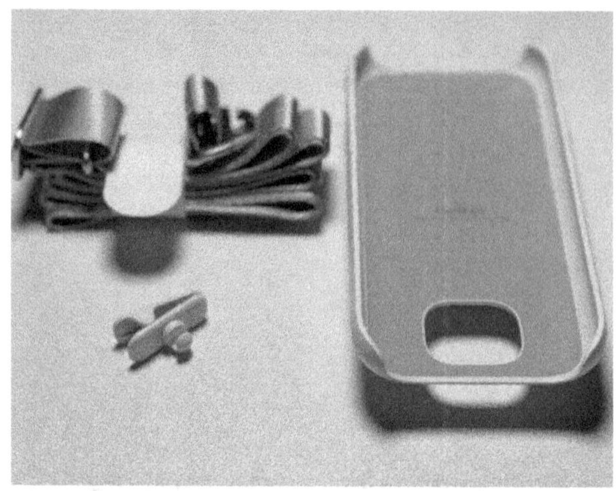

Unten sehen Sie die Vorderseite; und um Ihnen eine Vorstellung davon zu geben, wie groß der Akku des Vision Pro-Akku ist; er hat ungefähr die gleiche Größe und das gleiche Gewicht wie ein iPhone Pro Max.

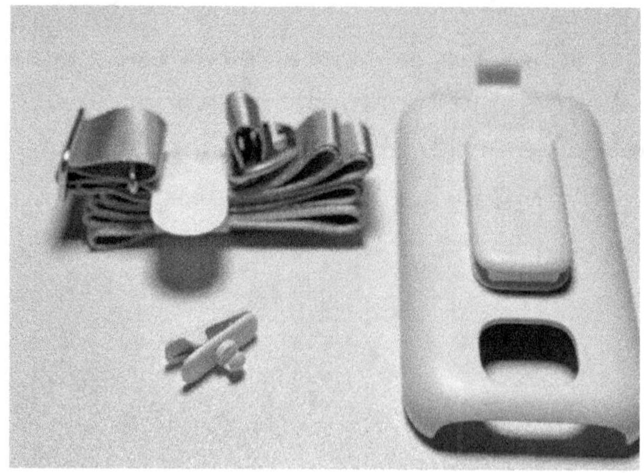

Und hier ist sie neben der Vision Profi-Box.

Sobald Sie den leicht abziehbaren Aufkleber, der auf jeder Seite des Kartons angebracht ist, abziehen, heben Sie den Karton an und sehen den Vision Pro in seiner ganzen Schönheit. Einige Leute haben kommentiert, dass die Box auch als schöner Ständer dienen kann. Dem stimme ich zu, aber ich persönlich bevorzuge die Reisetasche, die das Gerät schützt, falls es einmal herunterfällt. Sie werden auch feststellen, dass es eine Frontabdeckung gibt; Sie sollten diese immer dann verwenden, wenn Sie das Gerät nicht benutzen, um es vor Staub und Kratzern zu schützen.

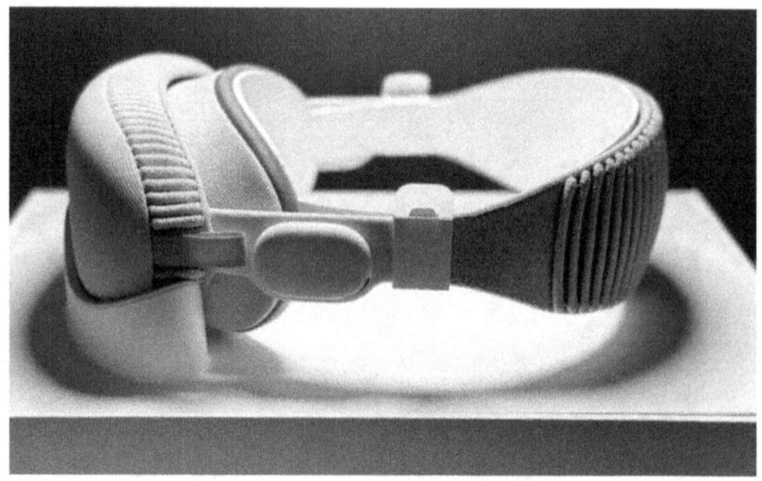

Heben Sie die Vision Pro und Sie finden den Akku. Es wurde schon viel über den Akku gesagt; ich fand ihn sehr gut gebaut, nicht zu schwer und einfach zu befestigen oder zur Seite zu legen. Ich habe gar nicht bemerkt, dass er überhaupt da war. Der Akku wird mit einem mitgelieferten USB-C Adapter; man kann ihn aufladen, während man den Vision Pro benutzt.

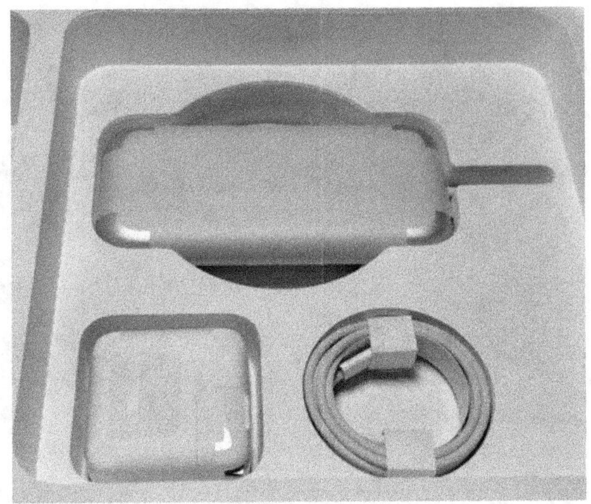

Oben in der Schachtel befindet sich das Light Seal Cushion. Es gibt bereits ein Kissen, das magnetisch an der Vision Pro magnetisch befestigt; dieses ist ein wenig dicker

. Wenn Sie die Zeiss-Linseneinsätze verwenden, sollten Sie sie gegen diese etwas dickeren austauschen.

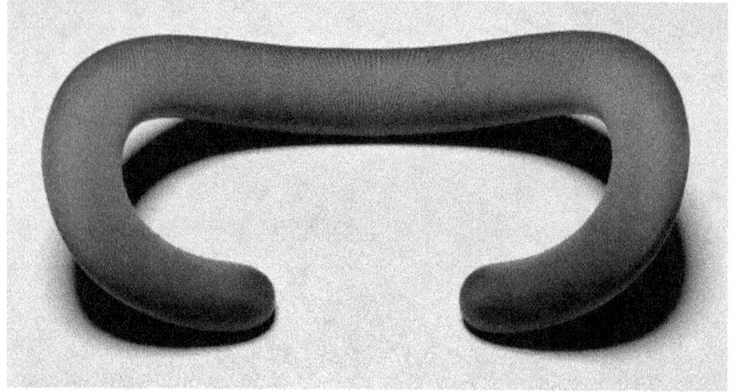

Unter dem Light Seal befindet sich ein Poliertuch.

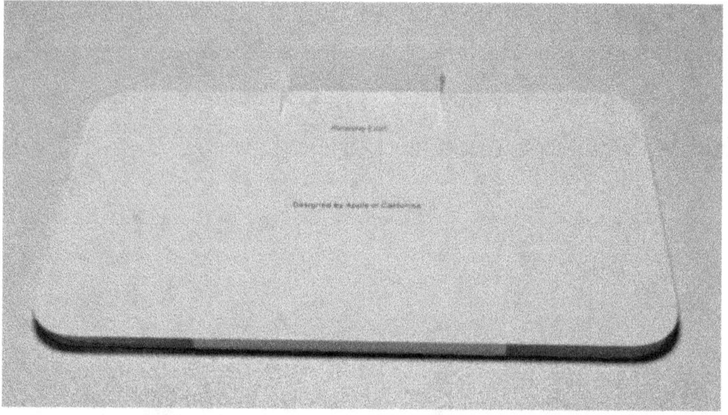

Ich empfehle die Verwendung dieses Produkts zur Reinigung Ihres Vision Pro zu verwenden und nicht etwas anderes, das Sie vielleicht haben.

Unter dem Tuch befindet sich das Dual Loop-Band.

Das Dual-Loop-Band hilft, das Gewicht gleich-mäßiger zu verteilen, und viele Menschen bevorzugen es gegenüber dem weicheren Einzelband.

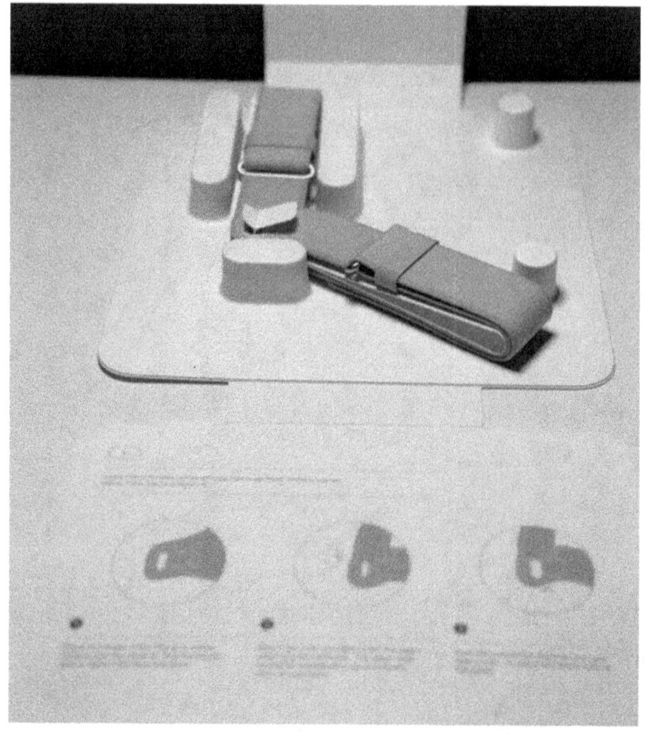

Und schließlich haben Sie etwas, was es seit langem nicht mehr bei einem Apple Produkt gab - etwas, das den meisten Produkten nicht mehr beiliegt: ein Handbuch für die ersten Schritte!

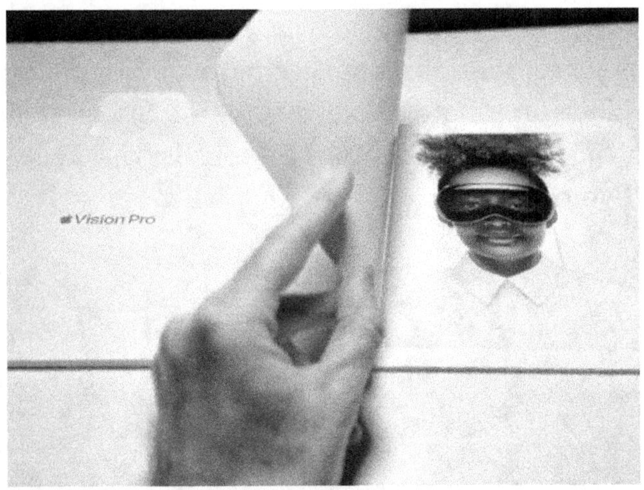

Es ist keineswegs umfassend, deckt aber die Grundlagen ab, wie z. B. das Entfernen der Gurte und der Batterie; es ist ein sehr dickes Papier, vollfarbig und von ausgezeichneter Qualität. Ein Teil von Ihnen möchte es vielleicht in Ihr Bücherregal stellen!

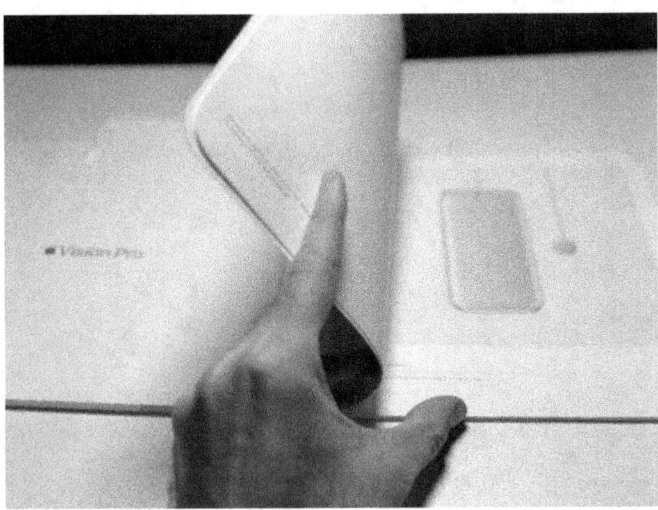

Nachfolgend finden Sie einige Dinge, die nicht im Lieferumfang enthalten sind, die Sie aber vielleicht mitnehmen möchten. Erstens ist die Zeiss-Objektiveinsätze.

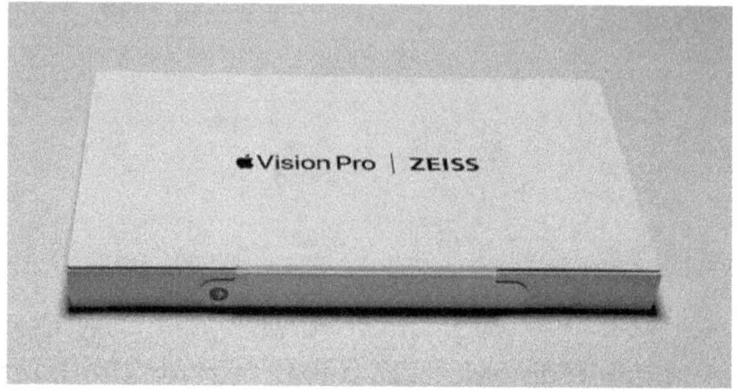

Obwohl es von einem anderen Unternehmen stammt, erinnert die Verpackung stark an Apple, und man merkt, dass sie bei dieser Partnerschaft eng mit Zeiss zusammengearbeitet haben.

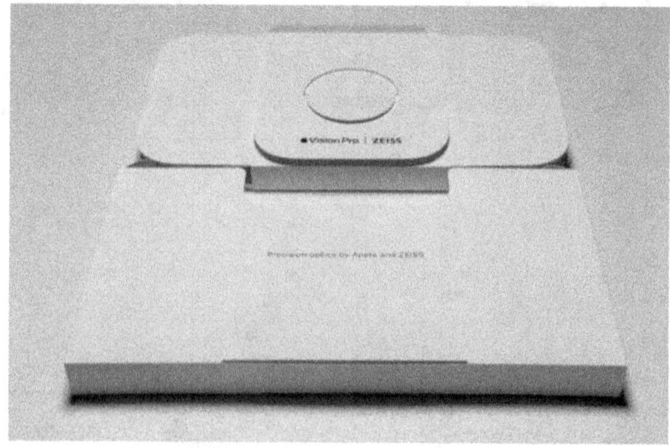

Ich empfehle, die Schachtel, in der sie geliefert wurde, aufzubewahren. Zum jetzigen Zeitpunkt gibt es kein Etui für die Zeiss-Linseneinsätze; wenn andere Leute Ihre Vision Pro benutzen, müssen Sie die Einsätze herausnehmen und sie an einem Ort aufbewahren, an dem sie nicht zerkratzt werden.

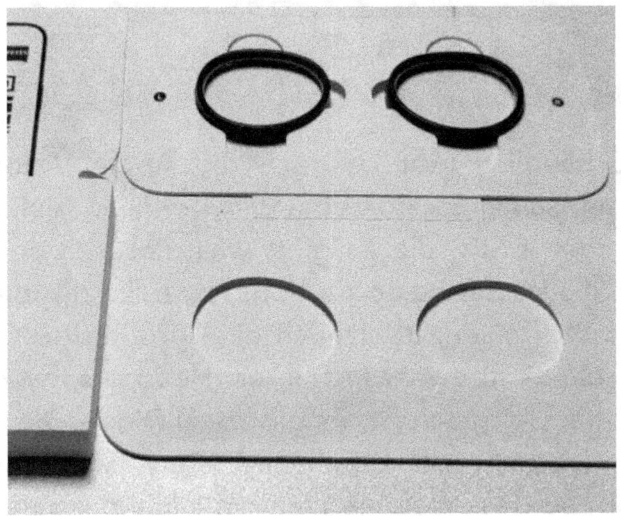

Außerdem empfehle ich den Kauf eines Ersatz-Light-Seal-Kissens; es kostet 29 Dollar und ist praktisch, wenn jemand anderes Ihren Vision Pro. Es wird magnetisch am Headset befestigt und kann in Sekundenschnelle ausgetauscht werden.

Schließlich gibt es noch die Apple Vision Pro Reisetasche. Es kostet 199 $ und ist eines der wenigen Etuis, die es gibt, was diese Option betrifft. Es ist die beste Option, wenn Sie mit dem Vision Pro reisen, aber auch eine großartige Option für die Aufbewahrung Ihres Headsets, wenn es nicht in Gebrauch ist. Es gibt zwei Dinge, die mir an der Tasche nicht gefallen: Erstens ist sie etwas groß, so dass man sie nicht wirklich in einen Rucksack packen kann, wenn man mit ihr reist; zweitens sind die Reißverschlüsse etwas steif - sie lassen sich nicht so leicht öffnen, wie ich es gerne hätte.

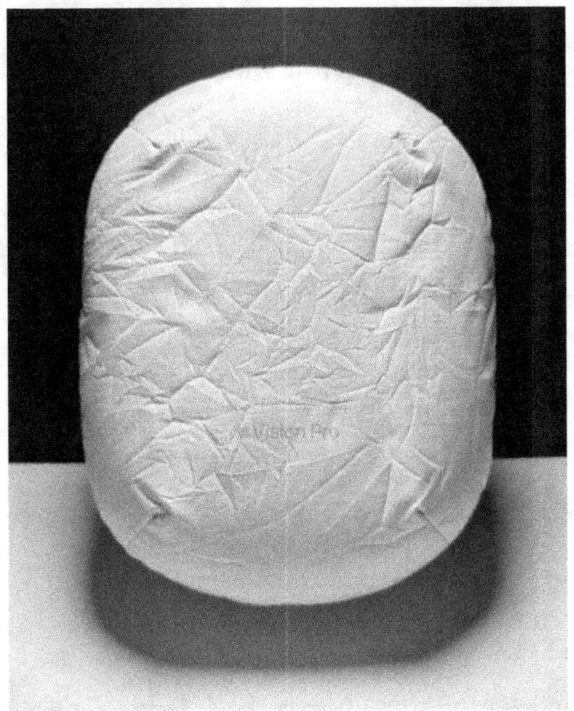

VORINSTALLIERTE ANWENDUNGEN

Wenn Sie schon einmal etwas von Apple benutzt haben (von Macbooks und iPads bis hin zu iPhones), dann wird Ihnen der Vision Pro eine Menge sehr vertrauter Anwendungen haben. Im Folgenden sind die Apps aufgeführt, die mit dem Vision Pro installiert sind. Einige (wie Capture und Encounter Dinosaurs) sind exklusiv für Vision Pro; die meisten sind die Apps, die Sie bereits kennen, aber für Vision Pro verbessert wurden.

Apps verbessert für die Vision Pro:

- App-Store
- Begegnung mit Dinosauriern
- Dateien
- Freiform
- Grundgedanke
- E-Mail
- Nachrichten
- Achtsamkeit
- Musik
- Anmerkungen
- Fotos
- Safari
- Einstellungen
- Tipps
- TV

Apps installiert, aber nicht für die Vision optimiert Pro:

- Bücher
- Kalender
- Startseite
- Karten
- Nachrichten
- Podcasts
- Mahnungen
- Abkürzungen
- Bestände
- Sprachnotizen

Was bedeutet "installiert, aber nicht optimiert"? Viele Apps, die auf dem Vision Pro zu finden sein werden - sowohl von Entwicklern als auch von Apple - werden lediglich iPad-Apps sein, die auf den Vision Pro portiert wurden. Sie funktionieren gut, aber es gibt nichts Besonderes an ihnen.

Dieses Buch wurde geschrieben, als der Vision Pro auf den Markt kam; es ist zu erwarten, dass Apple später weitere Anwendungen hinzufügen wird.

[2]
ERSTE SCHRITTE

Da der Vision Pro ausgepackt ist, werfen wir einen Blick auf die erstmalige Verwendung von Vision Pro.

DIE BATTERIE

Bevor Sie den Vision Im Gegensatz zu einem Laptop, der nach dem Herausziehen des Netzsteckers noch einige Stunden genutzt werden kann, schaltet sich der Vision Pro sofort ab, wenn Sie ihn herausziehen.

Zum Anbringen des Akkus richten Sie den Kreis auf dem Akkuanschluss mit dem Kreis an der Seite des Vision Pro (der Kreis, der nicht ausgefüllt ist); sobald er ausgerichtet ist, drehen Sie ihn, um ihn mit dem ausgefüllten Kreis auszurichten. Um die Batterie zu entfernen, führen Sie diese Schritte in umgekehrter Reihenfolge aus.

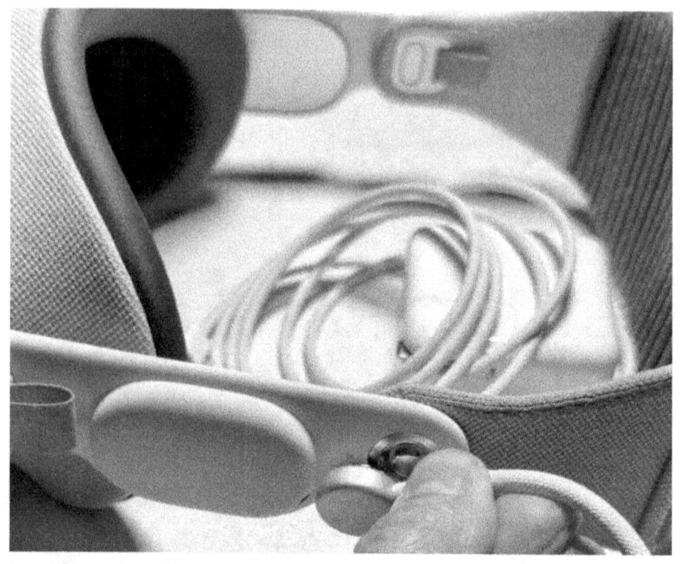

SO LADEN SIE DEN AKKU DES APPLE VISION PRO-AKKU

Die Vision Pro wird mit einem USB-C Ladekabel und einem USB-C-Netzteil; es wird empfohlen, das mitgelieferte Ladegerät zu verwenden.

WAS DAS BATTERIELICHT BEDEUTET

Die Batterieleuchte hat verschiedene Leuchtanzeigen. Schauen wir uns an, was sie bedeuten. Wenn Sie das Ladekabel eingesteckt haben, sind dies die verschiedenen Anzeigen:

- **Grün**: Die Batterie ist voll.
- **Gelb**: Die Batterie ist nicht voll, aber sie ist ausreichend geladen, um Apple Vision Pro.

- **Langsames gelbes Blinken**: Die Batterie ist zu schwach, um Ihr Apple Vision Pro zu betreiben. Laden Sie die Batterie 10 Minuten lang auf oder bis das Licht gelb leuchtet und nicht mehr blinkt, wenn Sie die Batterie antippen.

Wenn Sie die Batterie herausgenommen haben, sehen Sie die folgenden Leuchtanzeigen:
- **Grün**: Die Batterie ist mehr als halb voll.
- **Gelb**: Der Akku ist weniger als halb voll.
- **Langsames gelbes Blinken**: Die Batterie ist zu schwach, um Ihr Apple Vision Pro zu betreiben. Laden Sie die Batterie 10 Minuten lang auf oder bis das Licht gelb leuchtet und nicht mehr blinkt, wenn Sie die Batterie antippen.

TRAGEN DER VISION PRO UND EINSTELLEN DER GURTE

Hier ist eines der wichtigsten Dinge, die man wissen sollte, wenn man mit dem Vision anfängt Pro: Er ist schwer, und wenn man ihn falsch anpasst, fühlt er sich noch schwerer an. Zu einem angenehmen Tragegefühl gehört die richtige Einstellung der Bänder.

Als ich die ersten Testberichte über das Headset hörte, wurde ich immer wieder auf das Gewicht angesprochen und war etwas nervös; ich wollte das Headset für die Produktivität und zum Arbeiten, wenn ich nicht im Büro war. Wie sollte ich das mit einem Ziegelstein auf dem Kopf machen?!

Zu meiner Erleichterung war er etwas leichter als erwartet; noch besser ist, dass das Einstellen der Riemen wirklich hilft.

Die Vision Pro wird mit zwei Stirnbändern geliefert (und die Stirnbänder sind in verschiedenen Größen erhältlich): dem Solo Knit Band und dem Dual Loop Band. Das Solo Knit Band ist bereits an Ihrem Vision Pro befestigt, aber Sie können jederzeit auf das Dual Loop Band umsteigen, wenn Sie möchten. Nehmen Sie einfach das Solo Knit Band ab und stecken Sie das Dual Loop Band an.

Die meisten Leute werden wahrscheinlich finden, dass das Gewicht mit dem Dual Loop Band, das über den Kopf geht, gleichmäßiger verteilt ist, aber ich rate dazu, beide eine Zeit lang auszuprobieren.

DAS TRAGEN DER VISION PRO MIT DEM SOLO-STRICK-BAND

Fassen Sie Ihr Gerät mit einer Hand am Rahmen und mit der anderen Hand am Solo Knit Band. Heben Sie Vision Pro nicht an der Lichtdichtung, den Riemen oder dem Netzkabel an; diese können sich lösen und dazu führen, dass Sie den Vision Pro fallen lassen.

Halten Sie das Gerät nahe an Ihr Gesicht und schieben Sie das Solo Knit Band über Ihren Hinterkopf. Je nach Frisur finden Sie es vielleicht einfacher, zuerst das Stirnband anzulegen und dann das Gerät über die Augen zu ziehen.

Sobald Sie das Gerät eingeschaltet haben, drehen Sie das Anpassungsrad im Uhrzeigersinn, um das Solo Knit Band enger zu machen, und gegen den Uhrzeigersinn, um es lockerer zu machen. Sie möchten, dass das Vision Pro eng anliegen. Sie können auch den Rücken höher oder niedriger stellen, um zu sehen, ob sich das Gewicht besser verteilt.

Als ich die Vision Pro gekauft habe, stand dort, dass ich die mittlere Größe nehmen sollte; ich habe dann sicherheitshalber auch die kleine genommen und fand, dass die kleine bequemer war. Wenn Sie also nicht mögen, wie es sich anfühlt, könnte es sein, dass Sie die falsche Gurtgröße haben.

Wenn Ihr Stirnband zu eng ist, kann es Ihre Haut reizen, Sie sich unwohl fühlen oder Flecken in Ihrem Gesicht hinterlassen. Die Flecken verschwinden ziemlich schnell wieder.

Wenn der Kopfbügel zu locker sitzt oder nicht die richtige Position hat, wird wahrscheinlich eine Meldung angezeigt, die besagt, dass das Gerät zu hoch oder zu niedrig sitzt. Verschieben Sie es einfach nach oben oder unten, bis es sich richtig anfühlt.

TRAGEN VON VISION PRO MIT DEM DUAL LOOP BAND

Nehmen Sie das Gerät in die Hand, und denken Sie daran, dass Sie Ihr Vision Pro am Rahmen zu halten und nicht am Light Seal, den Gurten oder dem Kabel.

Halten Sie das Gerät nahe an Ihr Gesicht und schieben Sie das Dual Loop Band über Ihren Hinterkopf.

Halten Sie Vision Pro mit einer Hand an Ihr Gesicht und achten Sie darauf, dass es gleichmäßig auf Stirn und Wangen aufliegt.

Während Sie den Vision Pro an Ihr Gesicht halten, ziehen Sie mit der anderen Hand zuerst den unteren und dann den oberen Riemen fest.

ABNEHMEN DES RIEMENS

Um den Riemen zu entfernen, halten Sie das Headset mit einer Hand fest und ziehen Sie mit der anderen Hand an der orangefarbenen Lasche nach oben; er lässt sich leicht abnehmen. Um ihn wieder anzubringen, schieben Sie ihn einfach hinein.

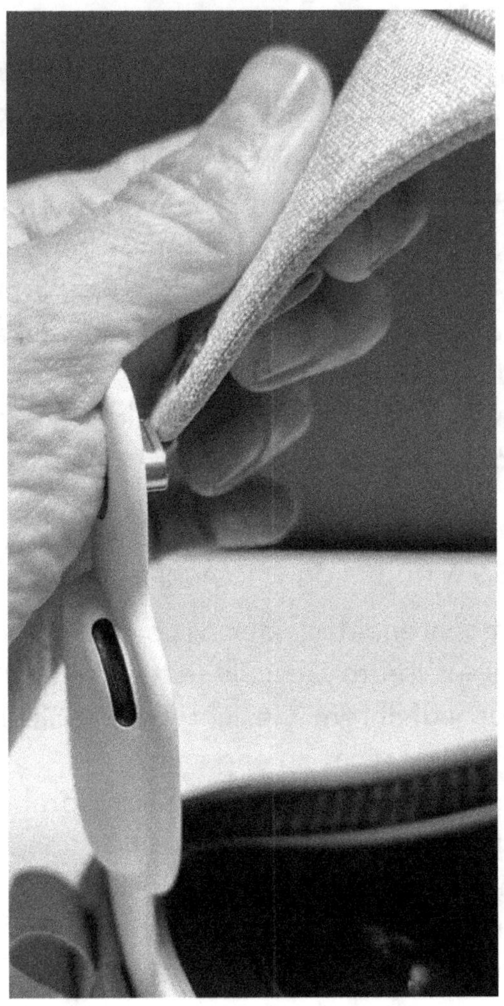

WIE MAN APPLE VISION AUSSCHALTET PRO

Machen Sie das Stirnband lockerer, bevor Sie es abnehmen. Für das Solo Knit Band drehen Sie einfach den Fit Dial nach links. Für das Dual Loop Band ziehen Sie einfach die Lasche am unteren Band vom Kopf weg.

Nehmen Sie das Gerät ab, indem Sie es am Rahmen festhalten.

Wenn Sie Ihr Gerät abstellen, achten Sie darauf, dass das Deckglas nicht mit harten Oberflächen wie einem Tisch oder einer Arbeitsplatte in Berührung kommt. Sie könnten es zerkratzen. Legen Sie den Akku neben Vision Pro, wenn Sie es nicht verwenden, damit sich das Netzkabel nicht mit anderen Dingen verheddert.

Wenn Sie mit Vision Pro fertig sind, setzen Sie die Abdeckung auf, um sie zu schützen.

SO WIRD VISION PRO PERFEKT ANPASSEN

Sie möchten, dass der Vision® Pro so gut wie möglich auf Ihrem Gesicht sitzt. Pro möglichst ausgewogen auf Ihrem Gesicht sitzen. Sie sollte eng anliegen, aber nicht zu eng sein.

Wenn das Kopfband zu eng sitzt, drehen Sie den Anpassungsregler nach links und ziehen Sie das Gerät am Rahmen von Ihrem Gesicht weg.

Wenn Ihre Wimpern Ihren Vision Pro berühren oder Ihre Augen zu weit entfernt sind, wird die Meldung angezeigt, dass Ihre Augen zu nahe an den Bildschirmen sind. Versuchen Sie, das Light Seal Cushion mit einem "+" zu verwenden, das in Ihrer Verpackung enthalten war. Wenn das nicht funktioniert, benötigen Sie möglicherweise ein Light Seal anderer Größe.

REINIGUNG

Die Reinigung ist ein wichtiger Bestandteil, damit Ihr Vision Pro wie vorgesehen funktioniert. Verschmutzte oder verschmierte Kameras können z. B. die Funktion der Handverfolgung beeinträchtigen.

Erstens: Verwenden Sie **keinen** Isopropylalkohol, Windex, Clorox oder ähnliche Mittel zur Reinigung der Oberflächen des Vision Pro. Reinigen Sie Ihren Vision Pro mit einem trockenen Tuch, einem kleinen feuchten Tuch oder idealerweise mit dem Tuch, das mit dem Vision Pro geliefert wurde.

Stellen Sie sicher, dass Ihr Apple Vision Pro Poliertuch sauber ist und bewahren Sie es in einer sauberen Tasche auf. In Rucksäcken, Handtaschen, Taschen und anderen Orten können sich Gegenstände befinden, die Ihr Gerät zerkratzen könnten.

REINIGUNG DER GLASABDECKUNG

Wenn das Deckglas verschmutzt ist, wischen Sie es mit einem sauberen, trockenen Mikrofasertuch ab - wie dem, das Sie mit Ihrem Apple Vision Pro.

Wenn Sie lose Teile auf dem Deckglas sehen, wischen Sie sie mit einem sauberen, trockenen Mikrofasertuch ab.

DIE EINRICHTUNG

Die Einrichtung von Vision Pro ist sehr einfach einzurichten; leider konnte ich es nicht festhalten, aber ich werde mein Bestes tun, um die Schritte unten zu erklären:

Schritt 1

Setzen Sie das Kopfband auf Ihren Kopf und drehen Sie den Drehknopf auf der rechten Seite des Kopfbandes, um die Passform einzustellen. Auf dem Display wird angezeigt, dass Sie die digitale Krone gedrückt halten und auf die schwebende Brille blicken müssen, um Ihre Sicht einzustellen.

Schritt 2

Sie benötigen ein iPhone oder iPad, um die Vision Pro. Das Headset bittet Sie, Ihr Telefon nahe an Ihr Gesicht zu halten und es zu entsperren. Auf Ihrem Telefon wird ein QR-Code angezeigt, den Sie mit dem Headset scannen müssen, um fortzufahren.

Schritt 3

Handgesten sind die erste wichtige Art der Interaktion mit VisionOS, daher muss das Headset Ihre Hände erkennen. Es wird Sie bitten, Ihre Arme vor sich auszustrecken und dem Headset Ihre Handflächen zu zeigen. Dann werden Sie aufgefordert, Ihre Hände umzudrehen.

Schritt 4

Die zweite Art, wie Sie mit Ihrer Umgebung interagieren, ist das Eye-Tracking, d. h. das Headset muss verfolgen, wie sich Ihre Augen bewegen. Sie werden aufgefordert, auf einen Punkt zu schauen, dann auf sechs Punkte in einem Kreis, und bei jedem Punkt mit dem Finger zu tippen. Dann wird der Bildschirm aufgehellt und der Kreis wird erneut dargestellt, dann noch einmal aufgehellt und ein letztes Mal.

Schritt 5

Wenn Sie möchten, können Sie diesen Schritt überspringen und ihn später durchführen. Wie das geht, zeige ich Ihnen im Buch. Der Vision Pro bittet Sie, es abzunehmen und das Vision Pro auf Ihr Gesicht zu richten. Das Display auf der Vorderseite leuchtet auf und zeigt Ihnen einige Kreise mit Ihrem Gesicht darin. Die Lautsprecher fordern Sie auf, das Headset anzuschauen und dann Ihren Kopf nach links, rechts, oben und unten zu neigen. Dann wird Ihre Mimik aufgezeichnet, indem Sie aufgefordert werden, mit geschlossenem Mund zu lächeln, mit den Zähnen zu lächeln, die Augen zu schließen und die Augenbrauen hochzuziehen. Diese acht Aktionen genügen dem Vision Pro, um eine so genannte Persona zu erstellen - darauf werde ich später noch näher eingehen.

Dies war für mich der frustrierendste Teil der Einrichtung. Als ich es das erste Mal versuchte, wurde mir immer wieder gesagt, ich solle nach unten und links schauen, und dann hieß es, die Einrichtung sei fehlgeschlagen. Beim zweiten Mal habe ich es mit besserer Beleuchtung versucht, und es war erfolgreich. Es sollte angemerkt werden, dass sich diese Funktion in der Beta-Phase befindet.

Schritt 6

Die Vision Pro verwendet Optic ID anstelle von Face ID. Das bedeutet, dass Ihre Augen gescannt werden, um Ihre Identität zu bestätigen - auf diese Weise müssen Sie Ihr Passwort nicht eingeben. Nachdem Sie Ihre FaceTime Persona eingerichtet haben, werden Sie vom Vision Pro aufgefordert, ein Symbol anzusehen. Nach ein paar Sekunden ist die Optic ID eingerichtet. Das war's. Zur Sicherheit fordert Sie der Vision Pro außerdem auf, einen sechsstelligen Passcode einzurichten (Sie können ihn auch auf vierstellig umstellen). Sie müssen den Passcode bei jedem Neustart von Vision Pro verwenden.

Wenn Sie Ihren Passcode verlieren, müssen Sie das Headset in einen Apple Store bringen, um ihn wiederherzustellen. Stellen Sie also sicher, dass Sie einen Code wählen, den Sie sich merken können.

Schritt 7

Sie sind fast am Ziel. Die Vision Pro zeigt Ihnen in einer kurzen Anleitung, wie Sie die grundlegenden Gesten und Funktionen nutzen können, z. B.

das Auswählen von Elementen, das Ändern der Fenstergröße und das Öffnen von Schnellmenüs.

Das war's. Sie sind fertig. Der ganze Vorgang ist sehr einfach, dauert aber etwa 10 Minuten. Ich habe Ihnen hier nicht gezeigt, wie Sie die Zeiss-Einsätze einrichten. Das können Sie während der Einrichtung oder später tun. Ich zeige es Ihnen im Buch.

VERWENDUNG VON VISION PRO MIT ZEISS-EINSÄTZEN

Wenn Sie Ihre Zeiss-Einsätze nicht während der Einrichtung hinzugefügt haben, können Sie dies jederzeit nach der Inbetriebnahme des Geräts schnell nachholen, indem Sie die folgenden Schritte ausführen.

Bringen Sie die optischen Einsätze an der Vision Pro befestigen Sie die optischen Einsätze; sie rasten sofort ein - achten Sie nur darauf, dass Sie sie auf der richtigen Seite einrasten lassen.

Nehmen Sie die Abdeckung ab und setzen Sie die Vision Pro auf. Das Gerät erkennt die Einsätze automatisch und führt Sie durch den Einrichtungsprozess. Ein Teil des Prozesses besteht darin, einen Code zu scannen, der mit den Einsätzen geliefert wurde - stellen Sie also sicher, dass Sie die Verpackung nicht wegwerfen!

Sie können auch jederzeit neue Einsätze koppeln, indem Sie zu Einstellungen > Augen & Hände gehen und dann auf Neue optische Einsätze einrichten tippen.

[3]

UM DIE VISION HERUM NAVIGIEREN PRO

Nun, da Sie erfahren haben, was das Vision Pro ist (und was es nicht ist) und wie die Einrichtung aussieht, lernen Sie nun, wie Sie sich auf dem Gerät bewegen können.

GESTEN

Bevor wir uns mit dem Betriebssystem selbst befassen, sollten wir über Gesten sprechen.

Gesten sind wahrscheinlich das erste, was Sie bei der Verwendung des Vision Pro. Ja, das Display ist atemberaubend und die Apps können süchtig machen. Aber es ist wirklich, wie ausgeklügelt die Gesten sind, die zeigen, wie viel Technik in diesem Ding steckt. Die Bedienung ist intuitiv, und wenn man sich daran gewöhnt hat, ist sie schneller als mit einer Maus.

Bevor ich auf die verschiedenen Gesten eingehe, gibt es einige Dinge, die Sie beachten sollten:

- Es mag wie eine Art Magie erscheinen, aber in Wirklichkeit sind es alle Kameras, die dafür sorgen, dass die Gesten funktionieren. Das bedeutet, dass Sie die Kameras sauber halten und für genügend Licht sorgen müssen, damit die Kameras Sie sehen können. Wenn die Kamera Schwierigkeiten hat zu erkennen, was Sie mit Ihren Händen machen, könnte es sein, dass Sie mehr Licht brauchen oder die Kamera verschmutzt ist.
- Sie müssen Ihren Arm nicht mehr hochheben, wenn Sie Apple Vision Pro. Sie können Ihre Hand bei den meisten Gesten entspannt auf dem Schreibtisch oder im Schoß lassen. Beim ersten Mal werden sich Ihre Hände wahrscheinlich instinktiv heben, aber denken Sie einfach daran, dass sie das nicht müssen.
- Stellen Sie sicher, dass Apple Vision Pro Ihre Hände sehen kann und sie nicht unter einem Schreibtisch oder einer Decke versteckt.
- Wenn Sie Handschuhe tragen, kann das Gerät Ihre Gesten wahrscheinlich nicht lesen - und wenn doch, dann ist es nicht so genau.

- Verschränken Sie nicht Ihre Hände. Es wird nicht wissen, ob Sie rechts oder links sind.

Schauen wir uns also die Gesten an:

Berühren Sie

Sie können einige Dinge in visionOS direkt mit Ihren Fingern berühren. Wenn zum Beispiel die virtuelle Tastatur von visionOS angezeigt wird, können Sie die Tasten direkt mit einem Finger jeder Hand berühren.

Tippen Sie Ihre Finger zusammen

Um etwas in Apple Vision Pro etwas auszuwählen, schauen Sie es an und tippen Sie mit Daumen und Zeigefinger darauf.

Wenn Sie mit Daumen und Zeigefinger zusammen tippen, ist das so, als würden Sie auf Ihrem iPhone etwas antippen oder auf Ihrem Computer auf etwas klicken - verwenden Sie diese Geste, um eine App auszuwählen.

Drücken, um mehr Optionen zu sehen

Drücken und halten Sie etwas in Apple Vision Pro, um weitere Optionen anzuzeigen. Sehen Sie sich etwas an, tippen Sie mit Daumen und Zeigefinger auf etwas und halten Sie es gedrückt. Wenn Sie weitere Optionen sehen, lassen Sie los und tippen Sie dann auf die gewünschte Option.

Kneifen und ziehen

Um Dinge in Apple Vision Pro zu verschieben, schauen Sie auf etwas und drücken Sie dann Daumen und Zeigefinger zusammen. Halten Sie Daumen und Finger zusammen, während Sie das Objekt an die gewünschte Stelle bewegen, und lassen Sie es dann los. Das können Dinge wie Fenster oder Menüs sein.

Zwicken und Schnippen des Handgelenks

Um sich schnell durch etwas zu bewegen oder zu blättern, drücken Sie Daumen und Zeigefinger zusammen, bewegen Sie Ihr Handgelenk nach oben oder unten und lassen Sie es dann mit einer gleichmäßigen Bewegung los.

BUTTONS

Die Vision Pro hat zwei Tasten:

1. **Die digitale Krone** die den Umfang der angezeigten Umgebung steuert und die Home-Taste aufruft
2. **Die obere Taste**, mit der Sie Fotos aufnehmen können, befindet sich auf der linken Seite des Headsets.

Die Tasten können auch für andere Tastenkombinationen verwendet werden, wie Sie unten sehen können.

SCREENSHOTS

Ich zeige Ihnen im Abschnitt über das Kontrollzentrum, wie Sie eine Bildschirmaufnahme machen könnenWenn Sie einen Screenshot Ihres Bildschirms aufnehmen möchten, drücken Sie die digitale Krone und die obere Taste gleichzeitig. Es ertönt ein Kameraton und die Bildschirmaufnahme wird in Ihrer Bibliothek gespeichert.

ABSTURZ ERZWINGEN APP

Wenn eine App nicht reagiert, halten Sie die obere Taste und die digitale Krone gleichzeitig gedrückt, bis ein Fenster angezeigt wird, in dem Sie gefragt werden, welche App Sie zwangsweise schließen möchten.

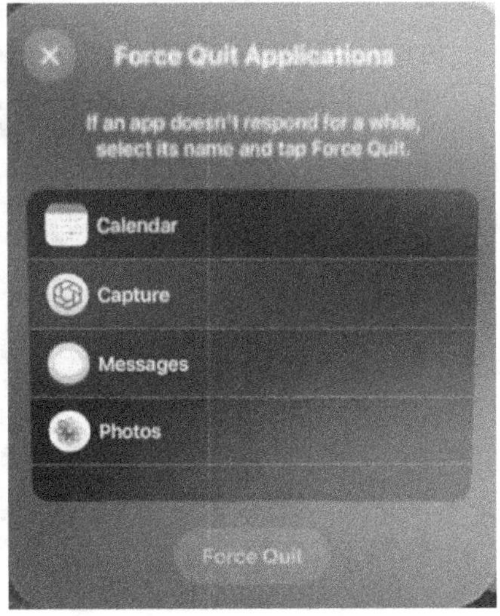

MACHT VISION PRO AUS

Es gibt keine Einschalttaste am Vision Pro, aber Sie können ihn trotzdem ausschalten. Führen Sie die gleichen Schritte wie oben aus (drücken und halten Sie die Digital Crown und die obere Taste), aber halten Sie sie länger gedrückt. Es erscheint eine Meldung zum Ausschalten des Vision Pro.

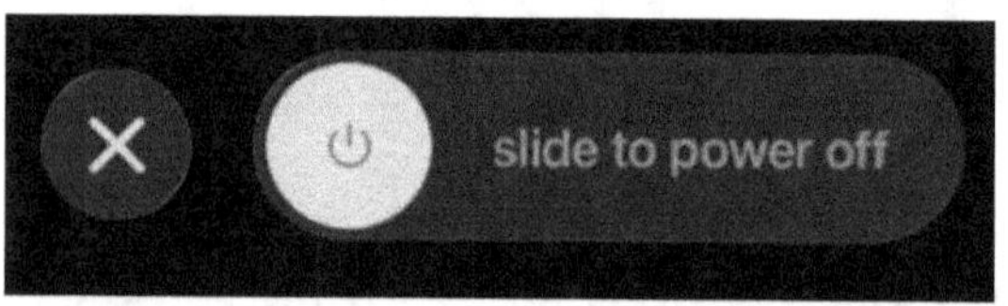

REKALIBRIEREN VERFOLGUNG

Wenn Sie die Bildverfolgung neu kalibrieren möchten, drücken Sie 5 Mal die obere Taste.

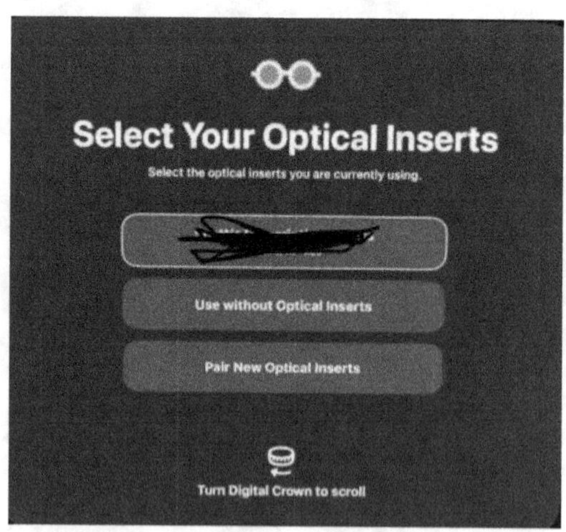

GEFÜHRTER ZUGANG

Der geführte Zugang ist eine Zugänglichkeitsfunktion, die Sie durch dreimaliges Drücken der digitalen Krone einschalten können.. Mit Guided Access können Sie Ihr Vision Pro auf eine einzige App beschränken und festlegen, was Sie in dieser App tun können. Auf diese Weise werden Sie nicht durch andere Dinge abgelenkt.

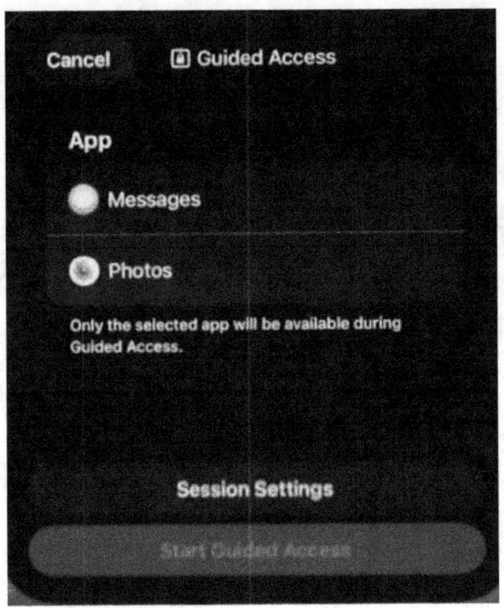

TIPPEN

Es gibt mehrere Möglichkeiten, auf Vision zu tippen Profi:

1. Bei der virtuellen Tastatur gibt es zwei Möglichkeiten: Entweder man schaut auf einen Buchstaben und drückt ihn, um ihn auszuwählen, oder man tippt einhändig, in-

dem man den Buchstaben drückt. Das funktioniert recht gut, ist aber definitiv die langsamere der beiden Methoden.

2. Sprechen Sie in den Text - Dies ist für die meisten Menschen die schnellste Methode. Wenn die Tastatur angezeigt wird, wählen Sie einfach das Mikrofon und sagen Sie, was der Text sagen soll.

3. Verwenden Sie eine Bluetooth Tastatur - das ist bei weitem die beste und schnellste Methode, aber das bedeutet auch, dass Sie eine Tastatur mitnehmen müssen, wenn Sie unterwegs sind.

VERSCHIEBEN, ÄNDERN DER GRÖßE UND SCHLIEßEN VON FENSTERN

Bevor wir einen Überblick über das Betriebssystem geben, gibt es noch eine letzte Sache zu beachten: Ändern der Größe, Verschieben und Schließen von Anwendungen.

GRÖßE DER FENSTER ÄNDERN

Wenn Sie in die Ecke eines beliebigen Fensters schauen, sehen Sie eine gebogene Linie am Rand des Fensters. Sie können Ihre Finger zusammenkneifen und sie nach innen oder außen bewegen, um die Größe des Fensters zu ändern.

APPS VERSCHIEBEN UND SCHLIEßEN

Um eine App zu verschieben, verwenden Sie die Linie am unteren Rand eines beliebigen Fensters. Um die App zu schließen, tippen Sie auf den Kreis neben der Linie (der sich in ein X verwandelt, wenn Sie den Mauszeiger darüber halten).

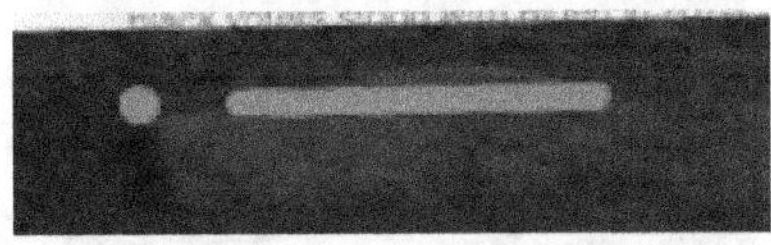

Wenn Sie sich in einer immersiven Umgebung befinden, halten Sie Ausschau nach den Zurück-Tasten, die sich in der Regel in der oberen linken Ecke befinden. Wenn alles andere fehlschlägt, verwenden Sie die Tastenkombination Schließen erzwingen (halten Sie die obere Taste und die digitale Krone gleichzeitig gedrückt)

HAUPTSTARTBILDSCHIRM UND NAVIGATION

Beginnen wir damit, das Betriebssystem hinter dem Headset kennenzulernen. Ich werde mein Bestes tun, um Screenshots zu machen, die sauber und gleichmäßig sind, aber aufgrund der Beschaffenheit des Geräts sind die Dinge nicht immer so klar wie Screenshots auf iOS und iPadOS. Das liegt daran, dass Vision Pro so funktioniert, dass es sich auf das konzentriert, was du siehst - du bemerkst es nicht, weil unsere Augen so funktionieren, aber du wirst es sehen, wenn du Screenshots machst. Lassen Sie sich also nicht von den Bildern täuschen - es ist viel schärfer, wenn es auf Ihren Augen liegt.

Wenn Sie die Einrichtung zum ersten Mal beenden, sehen Sie drei Reihen von Anwendungen. Dies ist Ihr Startbildschirm. Es ist sehr iPad/iPhone-ähnlich, nicht wahr? Sie werden viele Ähnlichkeiten zwischen visionOS und iOS, iPadOS und sogar macOS und watchOS finden.

Ein paar Dinge sollten Sie über den Startbildschirm wissen:

- Die erste Gruppe von Anwendungen sind die von Apple entwickelten.

- Apps sind alphabetisch geordnet (mit Ausnahme der von Apple entwickelten, die immer als erste angezeigt werden).
- Apps können nicht angeordnet oder gruppiert werden (mit Ausnahme des Ordners für "kompatible Apps", d. h. Apps, die von iOS oder iPadOS übernommen wurden.

Diese Einschränkungen sind zwar nicht schlimm, aber lästig, und es wird nicht lange dauern, bis Sie sich darüber beschweren, dass Sie es gerne anders hätten. Höchstwahrscheinlich wird ein zukünftiges Update dies beheben.

Und noch etwas sollten Sie über das Startmenü wissen: Wenn Sie die digitale Krone drücken, wird der Startbildschirm neu zentriert. Wenn Sie sich also umdrehen und den Startbildschirm an der neuen Stelle haben möchten, drücken Sie einfach die digitale Krone.

Auf der linken Seite befindet sich das Menü Home. Dort sind drei Dinge zu finden: Apps, Personen und Umgebungen.

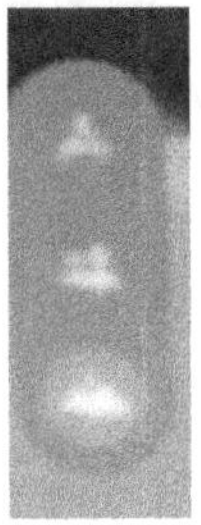

Apps ist das Menü, das oben gezeigt wurde. Leute sind Ihre Lieblingskontakte. Sie können das + verwenden, um jemanden hinzuzufügen oder zu suchen - so können Sie auch einen FaceTime Anruf tätigen. Öffnen Sie einfach den Kontakt und tippen Sie auf FaceTime.

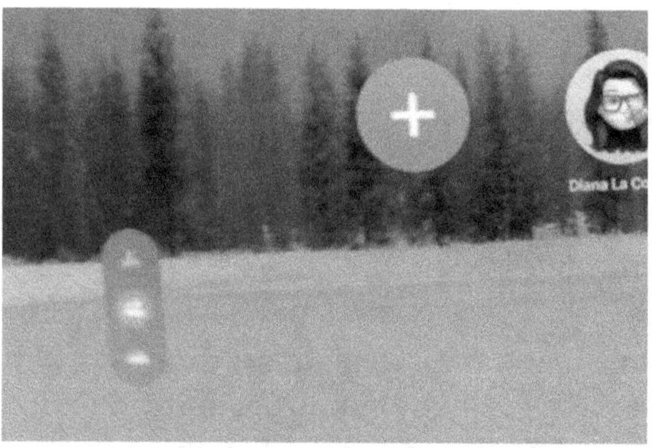

Umgebungen ist meiner Meinung nach eine der coolsten Funktionen des Headsets. Damit können Sie Ihre Umgebung in eine immersive Umgebung verwandeln. So kann man sich fühlen, als würde man am Strand oder in den Bergen arbeiten. Es fühlt sich wirklich wie im richtigen Leben an.

VERFÜGBARE UMGEBUNGEN

Nachstehend finden Sie eine Liste aller verfügbaren Umgebungen, weitere werden in Kürze folgen:

- Haleakalā
- Yosemite
- Josuabaum
- Mount Hood
- Der Mond
- Strand
- Weißsand
- Winterlicht
- Herbstlicht
- Sommerlicht
- Frühlingslicht

ENTFERNEN VON APPS

Sie können eine App entfernen, indem Sie auf die zu entfernende App tippen und sie gedrückt halten. Dadurch wird sie von Vision Pro gelöscht, sie kann aber weiterhin kostenlos aus dem App Store heruntergeladen werden.

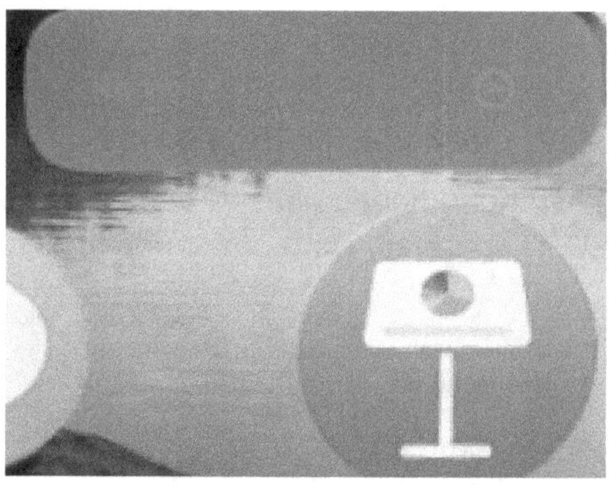

VERWENDUNG DER DIGITALEN KRONE

Wenn Sie eine Umgebung auswählen, können Sie mit der digitalen Krone einstellen, wie realitätsnah sie ist. Je weiter Sie sie drehen, desto realistischer ist sie. Wenn Sie die Krone ganz zurückdrehen, wird sie ausgeschaltet. Wenn du sie ganz aufdrehst, füllt die Umgebung alles aus - schau nach oben, unten, links und rechts und du wirst sie sehen. Noch cooler ist, dass du sogar hören kannst, wie es sich anhört, wenn du es ganz aufdrehst.

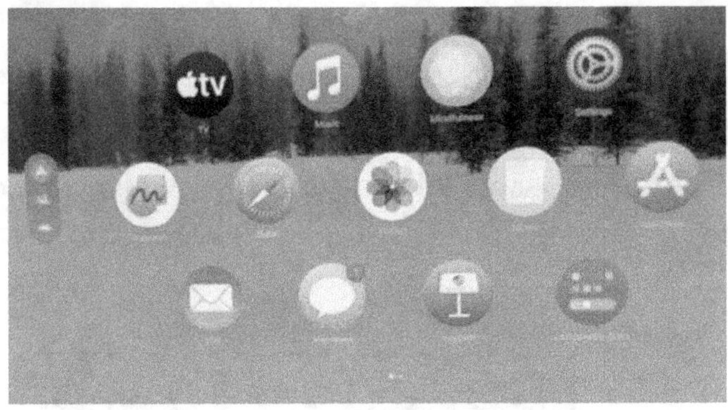

Je nach Tageszeit ist Ihre Umgebung auch hell oder dunkel; das können Sie im Control Centereinstellen, worauf ich als Nächstes eingehe.

Das wirklich Verrückte an diesen immersiven Umgebungen ist, dass sie automatisch ausgeblendet werden, wenn jemand mit Ihnen spricht, damit Sie ihn sehen können! (Das ist eine Einstellung, die Sie ausschalten können.) Sie können sie entfernen, indem Sie den Regler erneut drehen.

KONTROLLZENTRUM

Kontrollzentrum können Sie jederzeit aufrufen, indem Sie nach oben schauen. Sie sehen ein sehr kleines Feld - so klein, dass Sie es vielleicht sogar übersehen! Tippen Sie einfach darauf, um loszulegen.

Daraufhin wird ein Feld mit vier Symbolen und einem Lautstärkeregler angezeigt. Das erste Symbol bringt Sie zurück zum Startbildschirm. Das zweite Symbol steht für Umgebungen. Damit wird das Menü zum Ändern Ihrer Umgebungen aufgerufen, z. B. wenn Sie den Modus "Dunkel" oder "Automatisch" wünschen.

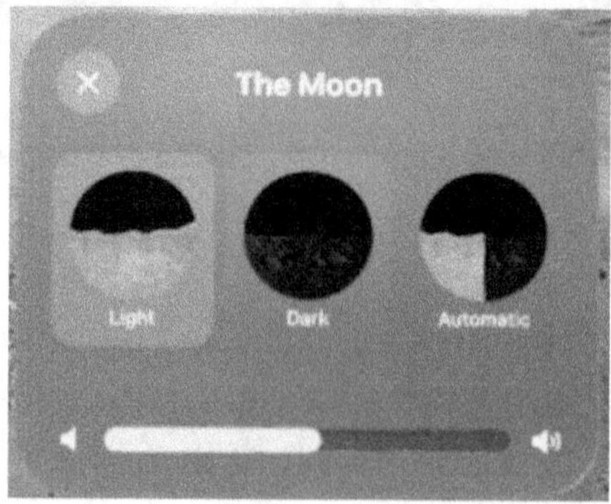

Die letzte Option (wir werden gleich auf die dritte zurückkommen) ist das Benachrichtigungszentrum; meins ist leer, aber wenn ich welche hätte, würden sie hier erscheinen.

Das dritte Symbol schließlich ruft das Kontrollzentrum auf. Das Kontrollzentrum ist, genau wie auf dem iPhone oder iPad, der Ort, an dem sich alle Ihre Steuerungsverknüpfungen befinden.

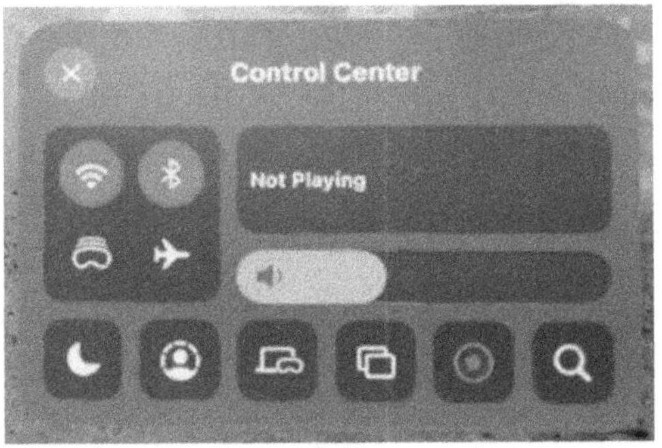

Mit den ersten vier Symbolen schalten Sie die Funktionen ein und aus. Sie wissen wahrscheinlich, dass Sie mit dem ersten Symbol Wi-Fi ausschalten und das Symbol daneben schaltet Bluetooth ausund das Flugzeug, das für den Flugmodus steht, ist Ihnen wahrscheinlich Modus steht. Aber was hat es mit dem Symbol auf sich, das aussieht wie die Vision Pro aussieht? Das ist der Reisemodus. Er ist dafür gedacht, wenn Sie *fliegen*. Die Betonung liegt auf "Fliegen", denn er ist nicht für das Autofahren oder andere Situationen gedacht - Apple gibt an, dass er nur für das Fliegen gedacht ist; außerdem soll er bei Turbulenzen nicht verwendet werden. Im Reisemodus stabilisiert der Vision Pro Ihr Erlebnis.

Unter Aktuelle Wiedergabe sehen Sie, was (wenn überhaupt) gerade auf Ihrem Vision Pro abgespielt wird; der Lautstärkeregler darunter bestimmt, wie laut oder leise die Wiedergabe ist.

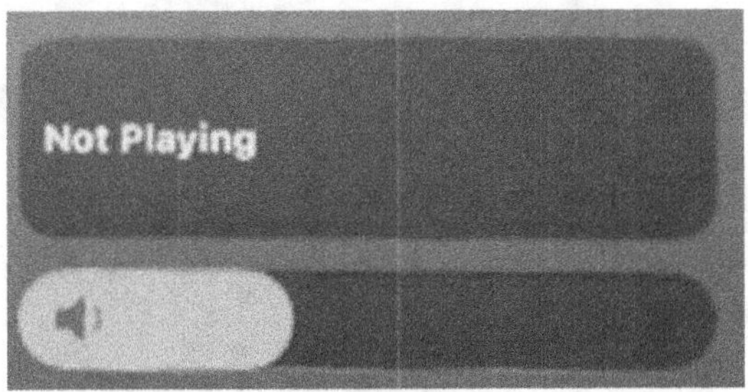

Schauen wir uns nun die unteren sechs Symbole an. Das erste versetzt das Gerät in einen anderen Fokusmodus. Dadurch werden Benachrichtigungen für eine bestimmte Zeit angehalten.

Das zweite Symbol ist der Gastmodus. Sie werden wahrscheinlich viele Anfragen für dieses Symbol erhalten. Das ist für den Fall, dass jemand sagt: "Hey! Ist das ein Vision Pro?! Kann ich es ausprobieren?"

Wenn du auf "Gastmodus" drückst, wirst du gefragt, was die Person sehen kann. Der Gastmodus ist nicht so, als würden Sie ein iPad mit allen aktivierten Funktionen aushändigen. Im Gastmodus können Sie entscheiden, was ein Benutzer sehen kann und was nicht.

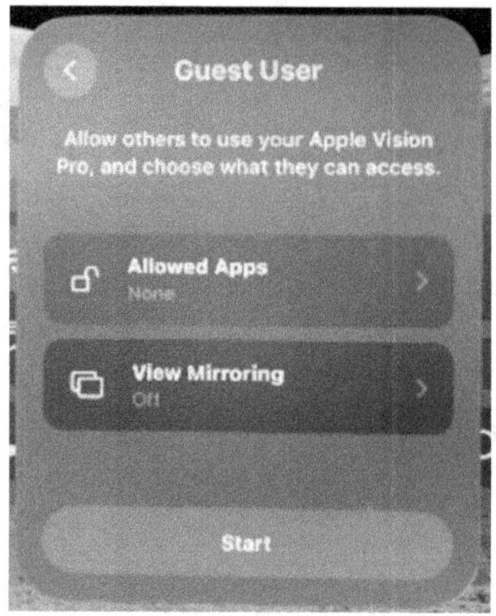

Unter Erlaubte Appskönnen Sie entscheiden, ob der Benutzer alles sehen kann oder nur die Apps, die Sie für ihn geöffnet haben.

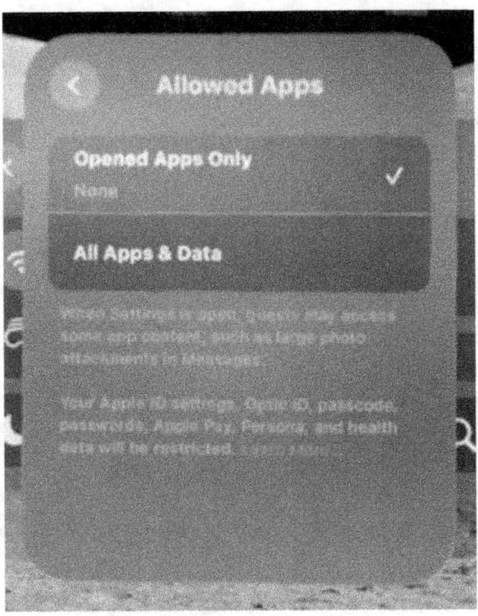

Sobald Sie den Startknopf drücken, hat die Person fünf Minuten Zeit, um ihre Sitzung zu beginnen; sie muss einen Einrichtungsprozess durchlaufen, der ein paar Minuten dauert (und nein, leider kann dieser nicht gespeichert werden).

Es gibt noch eine weitere coole Funktion, die Sie beachten sollten, bevor Sie es aus der Hand geben: Ansichtsspiegelung. Wenn Sie diese Funktion auswählen, können Sie den Vision Pro auf ein kompatibles iPad oder einen kompatiblen Mac spiegeln, sodass Sie beobachten können, was Ihr Kind tut, und ihm helfen können, wenn es nicht weiterkommt.

Auf das nächste Symbol werde ich später im Buch noch etwas näher eingehen, aber es geht darum, einen Mac in Ihren Vision Profi.

Vergewissern Sie sich nur, dass er sich in der Nähe und im selben Netz befindet.

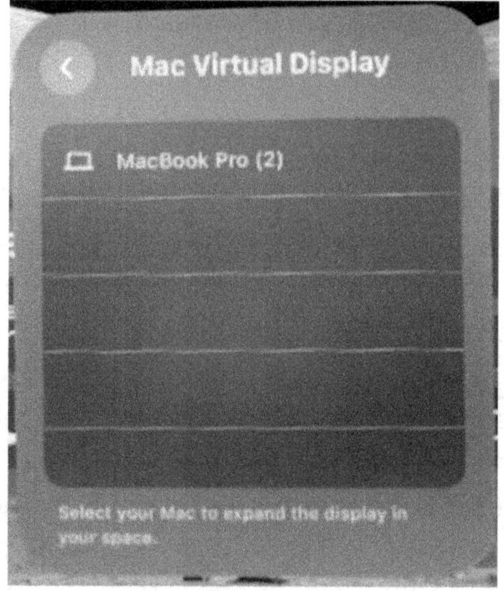

Mit dem nächsten Symbol können Sie Ihr Vision Pro auf ein kompatibles AirPlay Gerät spiegeln, damit andere sehen können, was Sie sehen.

Ich habe bereits erwähnt, wie man einen Screenshot des Bildschirms macht. Mit dieser Option können Sie eine Bildschirmaufnahme machen.

Die letzte Option ist die Suche, mit der Sie schnell Anwendungen und Dokumente auf Ihrem Vision Pro.

Sie kennen nun die Grundlagen der Vision Pro. Die Bedienung ist wirklich intuitiv, und Sie werden überrascht sein, wie schnell Sie viel wissen, ohne es zu wissen. Als Nächstes werfen wir einen Blick auf die wichtigsten Anwendungen des Vision Pro.

VERBINDEN MIT EINEM MAC

Die Verbindung zu einem Mac kann auf zwei Arten hergestellt werden: Die erste ist über das Control Center (siehe oben); der zweite und schnellere Weg ist der Blick auf Ihren Mac.

Sie haben richtig gelesen! Schauen Sie einfach auf Ihren Mac und Vision Pro wird wissen, was Sie meinen. Über Ihrem Mac-Display erscheint die Option zum Verbinden.

Im Großen und Ganzen funktionierte das ziemlich gut. Aber es gab Zeiten, in denen es nicht angezeigt wurde, und dann ging ich zum Kontrollzentrum und es wurde nicht angezeigt.

Es ist kein hoffnungsloser Fall. Wenn ich auf meinem Macbook im Kontrollzentrum auf meinem Macbook gehe und auf Bildschirmspiegelungklickt, wird mein Visio Pro angezeigt.

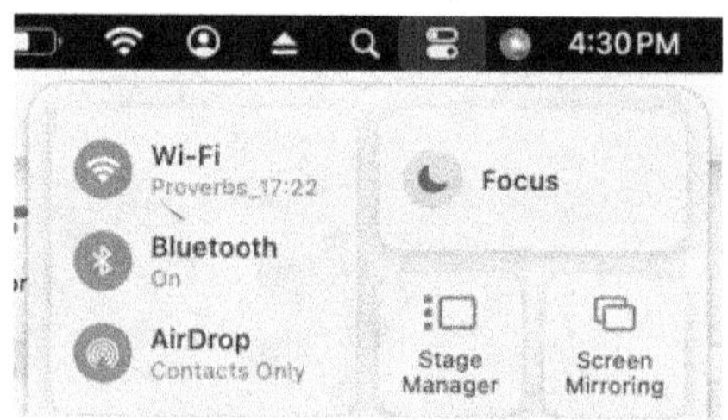

Sobald ich darauf geklickt hatte, wurde es innerhalb von Sekunden auf meinem Bildschirm angezeigt. Es war also nicht immer perfekt, aber sobald es da war, funktionierte es genau so, wie ich gehofft hatte - in wunderschönem 4K.

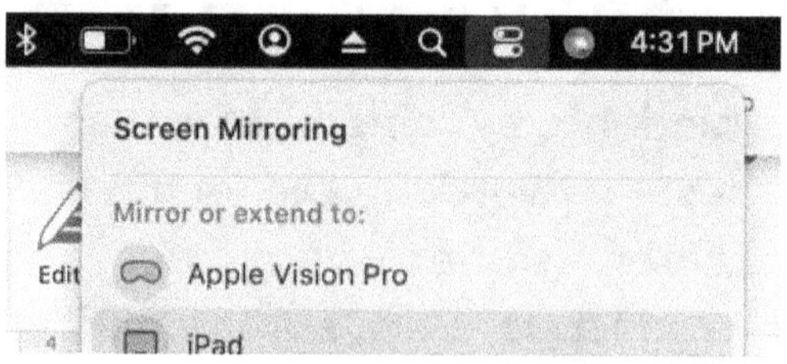

Vision Pro ist ein innovatives Gerät, das eines Tages unsere Computer und sogar Büros ersetzen könnte, aber es hat noch einige Einschränkungen.

Hier sind ein paar Dinge, die Sie beachten sollten - und die hoffentlich im Laufe der Zeit verbessert werden:

- Sie können immer nur einen Mac gleichzeitig anschließen. Ich habe einen für zu Hause und einen für die Arbeit, und es wäre praktisch, beide im selben Raum zu haben.
- Sie haben nur einen Monitor. Sie können mehrere Fenster erstellen, aber sie befinden sich alle auf demselben Bildschirm. Ja, Ihr Bildschirm ist riesig - aber Sie möchten vielleicht trotzdem Dinge aus Ihrem Computer in Ihre Umgebung ziehen.
- Wenn Sie die Tastatur und die Maus Ihres Macs nicht verwenden, könnte es Ihnen schwer fallen, zu navigieren. Ich verstecke mein Dock und konnte keine Möglichkeit finden, es ohne Verwendung des Trackpads einzublenden.
- Ihr Arbeitsbereich wird nicht gespeichert, wenn Sie Ihr Vision Profi. Ich habe alles gut organisiert - die Uhr hier oben, die Teams hier drüben, Slack auf der anderen Seite - und dann habe ich das Gerät für den Tag ausgeschaltet. Als ich es wieder einschaltete, musste ich alles neu ordnen. Das passiert nicht, wenn Sie das Gerät in den Standby-Modus schalten.

- Beim Scrollen kam es manchmal zu einer Verzögerung - das Scrollen war zu langsam.

Sie dürfen nicht vergessen, dass dies ein Day-One-Produkt ist. Es wird besser und besser werden. Ich habe festgestellt, dass ich mit einigen Aufgaben in Vision Pro produktiver waren. Bei anderen, wie z. B. dem Schreiben, habe ich es immer noch vorgezogen, es nicht zu benutzen.

Allerdings gibt es etwas, das ich weniger hatte: Nackenschmerzen. Ich benutze meinen Laptop gerne auf dem Schoß, was bedeutet, dass ich oft nach unten schaue. Mit dem Vision Pro hatte ich das Gefühl, dass mein Nacken besser ausgerichtet war, obwohl ich eine entspannte Haltung eingenommen hatte. Manche Leute beschweren sich über das Gewicht des Geräts, aber ich persönlich merke es kaum und habe kein Problem damit, es über einen längeren Zeitraum zu benutzen.

Ich habe auch das Meta Quest 3 für die Arbeit verwendet. Ich kann nicht dasselbe über diese Erfahrung sagen. Es war mühsam, meinen Mac anzuschließen, das Bild war nicht klar und ich hatte das Gefühl, dass ich weniger geschafft habe.

[4]

DIE APPS

Am ersten Tag wurden für den Vision Pro etwa 600 Apps nur für visionOS entwickelt. Das hört sich viel an, aber wenn man bedenkt, dass das iPad über eine Million Apps hat, erscheint diese Zahl plötzlich kleiner. Aber hier ist die gute Nachricht: Erstens, und das ist das Wichtigste, sind die meisten iPad-Apps mit visionOS kompatibel, und solange der Entwickler sie nicht deaktiviert hat, werden sie im Store zu finden sein (der Grund, warum man Apps wie Netflix, Spotify und YouTube nicht sieht, ist nicht, dass sie nicht kompatibel sind, sondern weil sie von den Unternehmen deaktiviert wurden).

Eine weitere gute Nachricht ist, dass die Entwickler anscheinend wirklich begeistert sind von der Entwicklung für den Vision Pro zu entwickeln und die Grenzen dessen, was er kann, zu erweitern.

Schließlich sind die Apps, die bereits auf dem Vision Pro sind gut. In diesem Buch werden die von Apple installierten Apps behandelt, aber es gibt noch viele weitere im App Store, aus denen Sie auswählen können.

APPLE TV

Apple TV ist das erste Symbol, das Sie in Ihrem Home-Menü sehen. Es wird wahrscheinlich einer Ihrer Favoriten sein, denn hier laufen die meisten 3D-Filme. Außerdem bietet es das beste Filmerlebnis. Bei Disney+ können Sie die Umgebung ändern, aber bei Apple TV können Sie die Sitzposition ändern.

Das Apple TV Menü auf der linken Seite ist in sieben Optionen unterteilt:

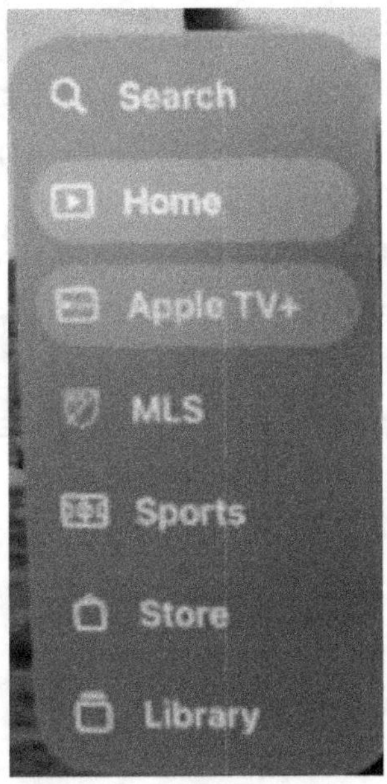

- **Suche** - Mit der ersten Option können Sie nach allen Ihren Medieninhalten suchen - Sie können auch nach Genres oder sogar Formaten (wie 3D) suchen.

- **Home** - Der Hauptbereich Home der App ist Apples Versuch, das Anschauen von

Medien einfacher zu machen. Unterhalb der Werbung für Inhalte sehen Sie Up Next, d. h. Empfehlungen für das, was Sie als Nächstes sehen werden, basierend auf dem, was Sie in der Vergangenheit gesehen haben; wenn es also eine neue TV Sendung, die Sie sich bekanntermaßen ansehen, wird hier angezeigt. Und nicht nur eine Fernsehsendung auf Apple TV-sondern auch auf Peacock, Max oder praktisch überall sonst.

- **Apple TV+** - Hier hat Apple einen Großteil seines Geldes ausgegeben. Meiner Meinung nach wird es unterschätzt. Es hat vielleicht nicht so viel zu bieten wie Netflix oder Disney+, aber die Inhalte, die es hier gibt, sind gut - einige der besten Sachen im Fernsehen. Wenn Sie Sendungen wie *For All Mankind* noch nie gesehen haben, dann ist jetzt die perfekte Zeit dafür - und es ist eine Sendung, die für diese Art des Fernsehens wie geschaffen ist.

- **MLS** - Apple hat einen Vertrag mit der MLS und die Inhalte werden hier angezeigt.

- **Sport** - Apple hat an mehreren Sportlizenzen gearbeitet, die hier erscheinen werden.

- **Store** - Apple hat bisher Filme und TV-Sendungen über den Shows über die iTunes-App App verkauft; das wurde einige Monate vor der Einführung von Vision Pro eingeführt wurde. Jetzt können Sie alles, was Sie kaufen möchten, in der Apple TV App.

- **Bibliothek** - Wann immer du etwas kaufst (oder was du in der Vergangenheit gekauft hast), wird es hier angezeigt. Eines der besten Dinge: Inhalte, die Sie in der Vergangenheit gekauft haben und die in 3D verfügbar sind, sind für Sie kostenlos; wenn Sie also vor ein paar Jahren Avatar im normalen Format gekauft haben, ist es jetzt in 3D verfügbar.

FILME ANSEHEN

In diesem Abschnitt zeige ich Ihnen, wie die Apple TV Oberfläche aussieht; leider wird aus urheberrechtlichen Gründen kein Film angezeigt.

Im oberen Teil des Bildschirms befinden sich das Zurück-Symbol (zum Beenden eines Films), das Umgebungssymbol und das Lautstärkesymbol. Am unteren Rand befinden sich die Optionen 10 Sekunden vorwärts, Pause, 10 Sekunden zurück und zusätzliche Optionen.

Die zusätzlichen Optionen betreffen die Wiedergabegeschwindigkeit, die Sprachen, die Untertitel und die automatische Dimmung (wenn Sie einen Film während der Arbeit ansehen, können Sie diese Option deaktivieren).

Wenn Sie auf Umgebungen klickenklicken, können Sie auswählen, ob Sie in Ihrer Umgebung bleiben oder die Dinge in ein Kino verlagern möchten. In der Kinoumgebung wird es richtig cool.

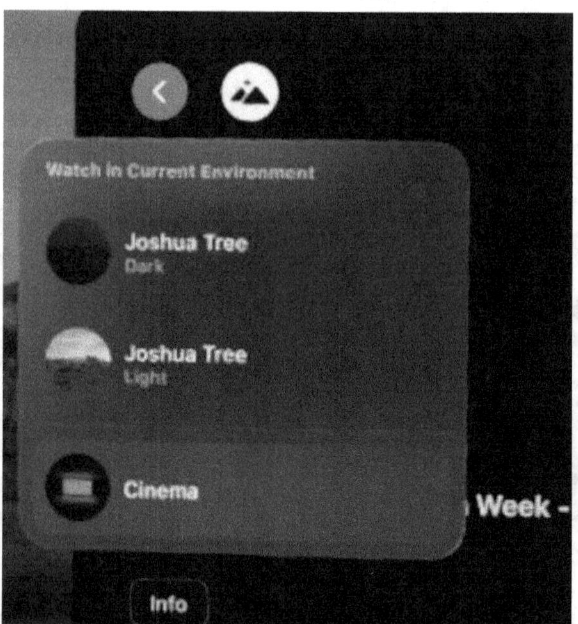

Wenn Sie "Kino" wählen, können Sie auswählen, in welcher Reihe Sie sitzen möchten (vorne, in der Mitte, hinten) und wie hoch Sie sitzen (Parkett oder Balkon).

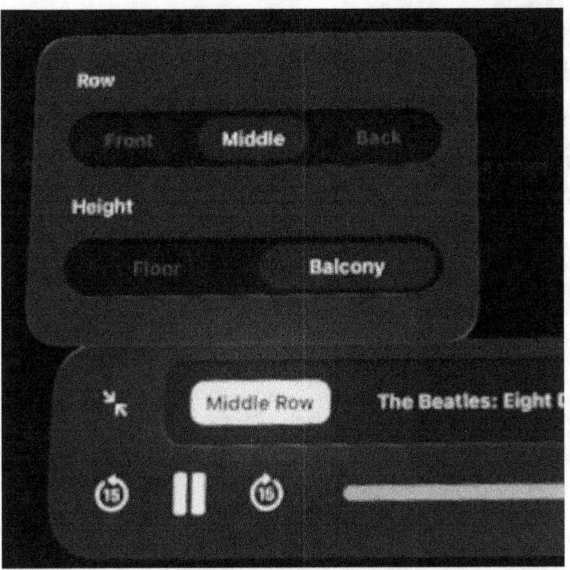

MUSIK

Es gibt zwar (noch) keine Spotify-App auf dem Vision Pro (noch) nicht, aber Apple hat seine eigene konkurrierende App integriert, und wenn Sie bereits in das Apple-Ökosystem investiert haben, sollten Sie es auf jeden Fall ausprobieren; ich persönlich habe den Apple One-Dienst, der Apple Music, TV, Spielhalle, Nachrichtenund Fitness umfasst; es ist ein großartiger Dienst, wenn Sie Apple mögen.

Apple Musik beginnt derzeit bei 10,99 $ (5,99 $ für Studenten); Apple One beginnt derzeit bei 19,95 $; jeder Dienst steigt im Preis, je nachdem, was Sie z. B. als Familie oder Nicht-Familie erhalten oder ob Sie etwas wie Fitness+ (das leider nicht in der Vision Pro-App derzeit nicht enthalten).

Werfen wir einen Blick darauf, wie Apple Music auf dem Vision Profi.

Vision Pro-Apps haben ein ziemlich standardmäßiges Designmuster angenommen, bei dem sich die Menüs auf der linken Seite befinden. Wann immer Sie also Menüs anzeigen möchten, beginnen Sie auf der linken Seite.

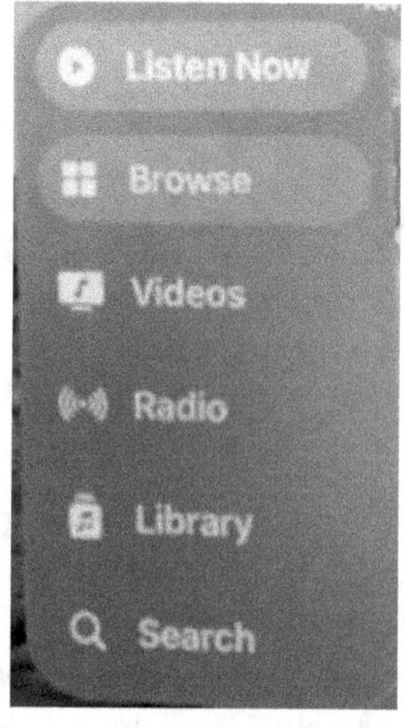

Die Menüleiste des Vision Die Menüleiste des Vision Pro sieht den Optionen auf dem iPad und dem iPhone sehr ähnlich - das werden Sie in diesem Buch oft hören, denn Apple hat absichtlich versucht, die Bedienung so ähnlich wie möglich zu gestalten, was den Einstieg besonders einfach macht, wenn Sie bereits mit iOS oder iPadOS vertraut sind.

Die Optionen im Menü sind:

- **Jetzt hören** - dies ist der Hauptbereich und ist wie die Homepage für Empfehlungen und kürzlich gespielte Titel.

- **Durchsuchen** - Hier können Sie Musik nach verschiedenen Kategorien/Genres und Empfehlungen anzeigen lassen; wenn Sie Musik in Spatial Audio hören möchten (ein Format, das die Vorteile der Vision Pro-Lautsprecher ausnutzt), werden Sie hier fündig.

- **Videos** - Dieser Bereich ist den Musikvideos gewidmet.

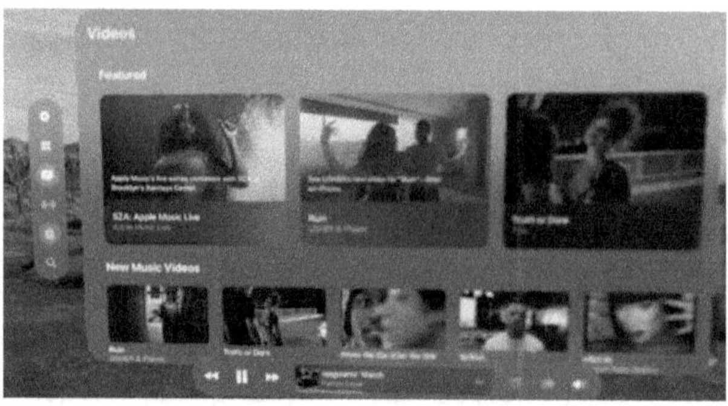

- **Radio** - Wenn Sie nicht wissen, wonach Sie suchen, finden Sie im Bereich "Radio" verschiedene werbefreie Sender verschiedener Genres, die von Apple kuratiert werden.

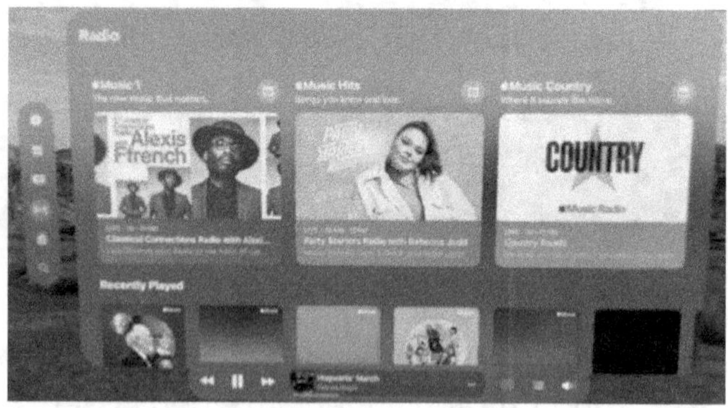

- **Bibliothek** - Wenn Sie Musik besitzen, sehen Sie sie hier. Hier finden Sie auch Ihre Wiedergabelisten.

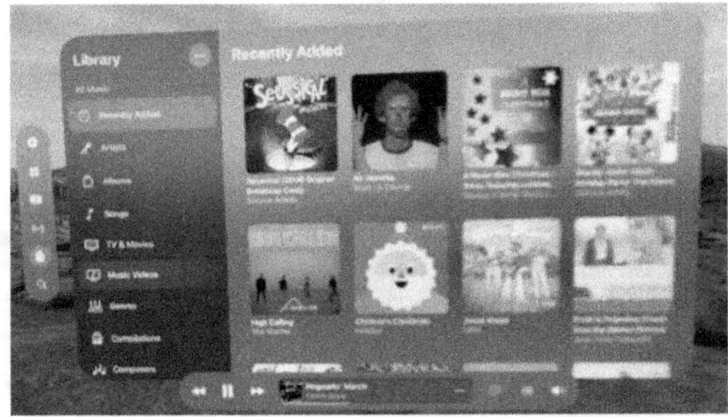

- **Suche** - Mit der Suche können Sie nach verschiedenen Künstlern und Genres suchen.

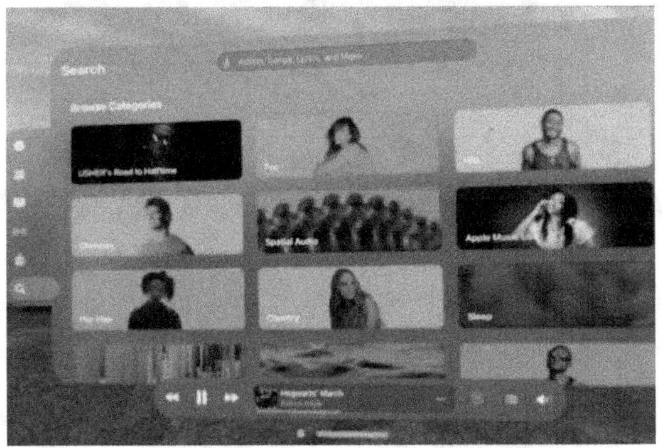

MUSIK ABSPIELEN

Wenn Sie Musik abspielen, wird sie in der unteren Leiste angezeigt; während der Wiedergabe gibt es einige Optionen.

Wenn Sie beispielsweise auf die drei Punkte tippen, können Sie sie zu Ihrer Bibliothek hinzufügen, einen Sender erstellen und vieles mehr.

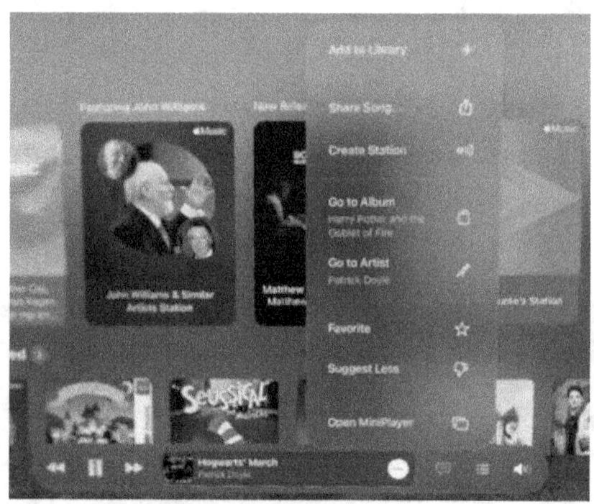

Tippen Sie auf den Titel, um das Album oder den Interpreten zu sehen.

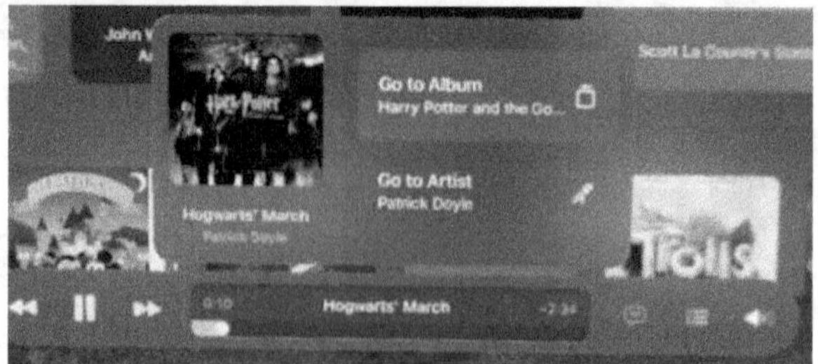

ACHTSAMKEIT

Eines der Dinge, die Apple bei der Vorstellung des Vision Pro vorstellte, war die Mediation. In vielerlei Hinsicht ist das die perfekte Erfahrung für Vision Pro, weil das Headset so... isolierend sein kann.

Wenn Sie das Gefühl haben, einfach mal abschalten zu müssen, ist der Mindfulness die Lösung von Apple. Sie ist wunderschön in ihrer Schlichtheit.

Wenn du die App öffnest, fragt sie dich, wie lange du es machen willst, dann sagt sie "Start". Das war's. Wie ich schon sagte: Es ist sehr simpel.

Wenn Sie auf die Anzahl der Minuten tippen, haben Sie die Möglichkeit, sowohl die Zeit als auch den Lehrer zu ändern. Es gibt auch eine Option zur Selbstführung, wenn Sie es alleine machen wollen.

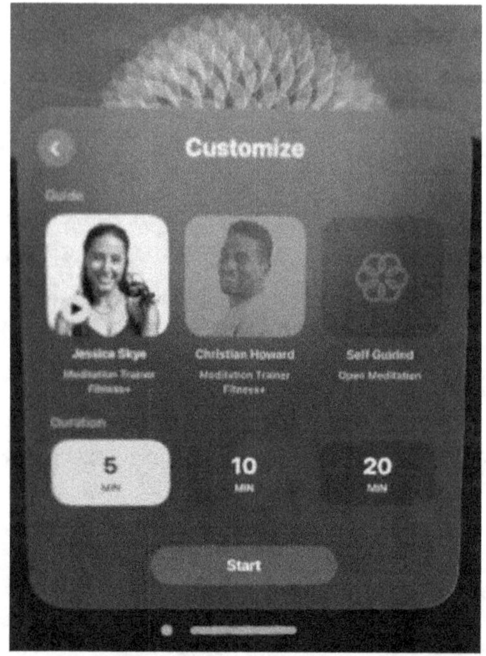

Während der Meditation werden Sie einen Ball sehen, der ein- und ausgeht, um Ihnen zu helfen, Ihre Atmung zu visualisieren.

Nachdem die Mediation beendet ist, können Sie Informationen hinzufügen, um Ihre Sitzung zu verfolgen.

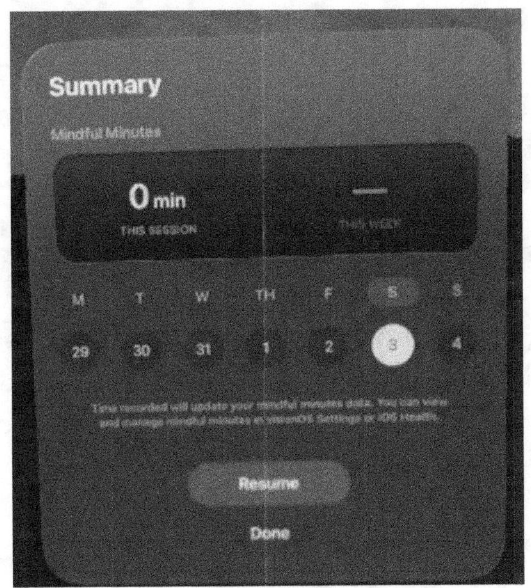

FREIFORM

Freeform wurde vor ein paar Jahren auf Mac und iPadOS eingeführt, aber Vision Pro ist vielleicht genau der Ort, an dem es letztendlich eingesetzt werden sollte. Freeform ist ein digitales Whiteboard, das ideal für die Zusammenarbeit ist.

Die Steuerung ist sehr einfach. Am unteren Rand des Bildschirms sind alle Ihre Optionen. Es gibt mehrere Sätze von Märkten, und jeder kann eine andere Farbe haben.

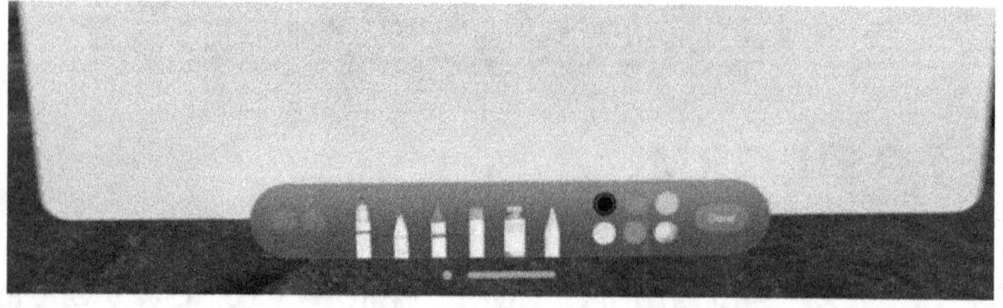

Sie können Ihren Finger über den Bildschirm ziehen, um mit dem ausgewählten Stift zu schreiben (oder in meinem Beispiel zu kritzeln).

Es gibt auch Objekte, die Sie hinzufügen können; Sie können die Ecken nach innen und außen ziehen, um ihre Größe zu ändern. Sie können auch Text hinzufügen.

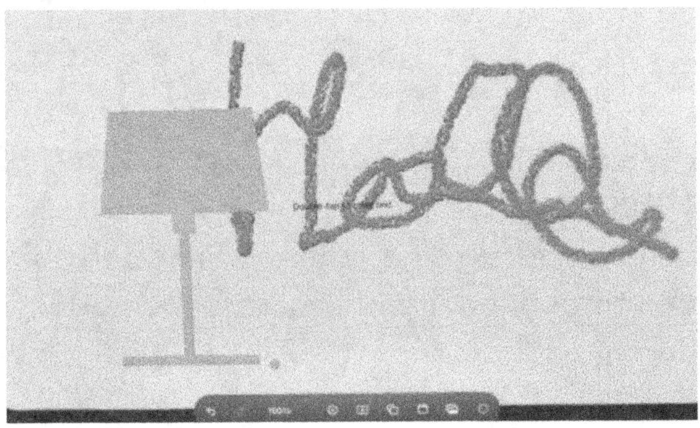

Und es gibt Klebezettel, die man überall anbringen kann.

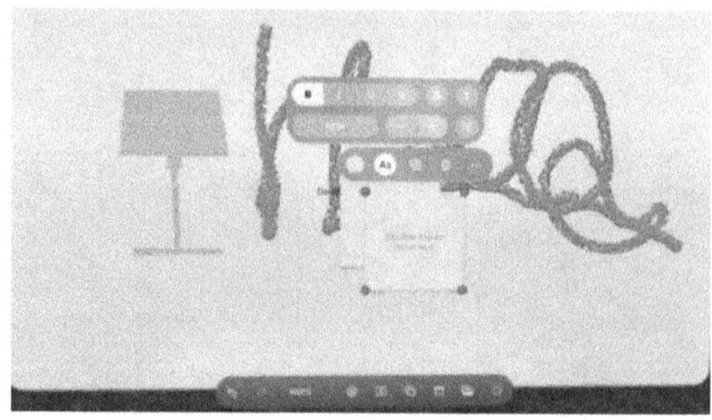

Sie können natürlich auch Bilder hinzufügen.

Wenn Sie fertig sind, können Sie oben auf den Namen tippen, um ihn umzubenennen oder zu exportieren.

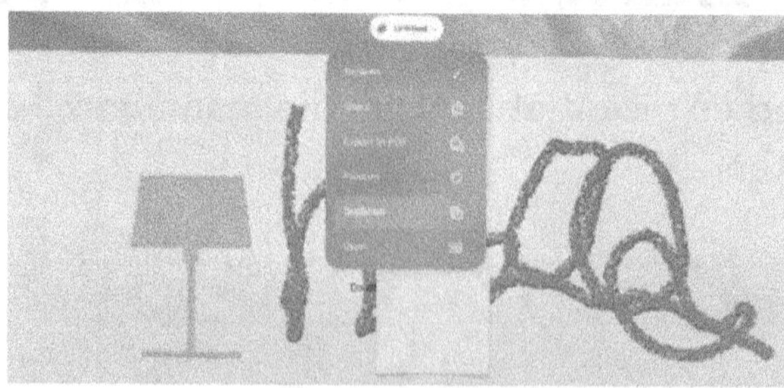

SAFARI

Safari ist die Hauptmethode, mit der Sie im Internet surfen werden. Zum jetzigen Zeitpunkt ist es die beste Wahl, wenn Sie eine native Vision Pro-Anwendung wünschen. Firefox ist als kompatible App verfügbar.

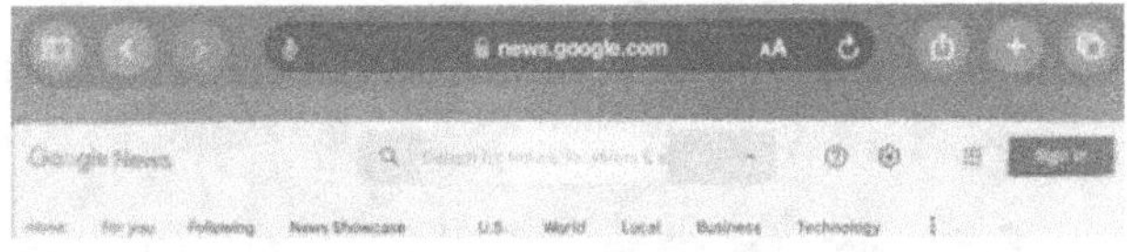

Wenn Sie den Mauszeiger über den oberen Bereich bewegen, werden die geöffneten Registerkarten angezeigt. Wenn Sie auf das +-Symbol drücken, wird eine neue Registerkarte geöffnet.

Sie können alle Registerkarten einblenden, indem Sie auf das letzte Symbol auf der rechten Seite tippen - es sieht aus wie zwei übereinander gestapelte Papierblätter.

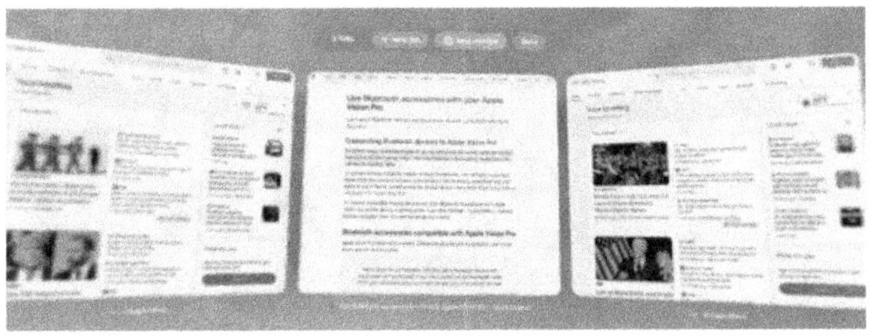

Wenn Sie auf das AA-Symbol drücken, werden Ihnen alle Seitenoptionen für das angezeigte Dokument angezeigt.

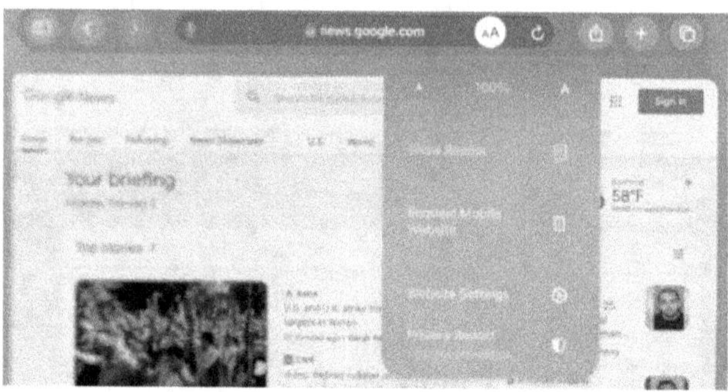

PRIVATBESICHTIGUNG

Wenn Sie eine Seite privat anzeigen möchten (d. h. Ihr Verlauf wird nicht verfolgt), tippen Sie auf das Symbol ganz links, um die Seitenleiste einzublenden, und wählen Sie dann die Option "Privat". Wenn Sie eine neue Registerkarte öffnen, wird diese im privaten Modus angezeigt. Um in den normalen Modus zurückzukehren, tippen Sie einfach auf das Symbol mit dem Vision Pro-Symbol.

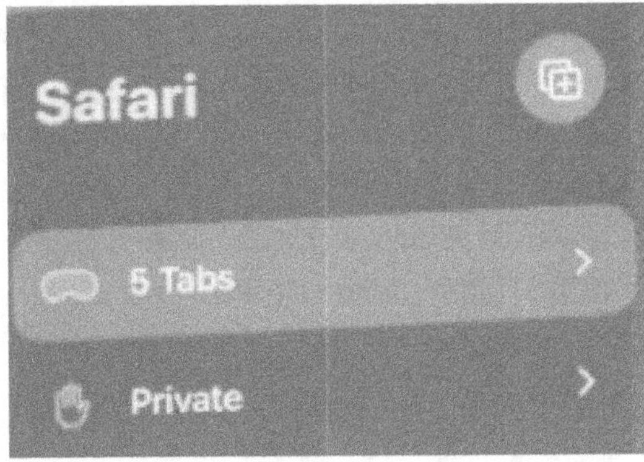

ANMERKUNGEN

Anmerkungen wurde auch für Vision Pro optimiert, aber es sieht fast genauso aus.

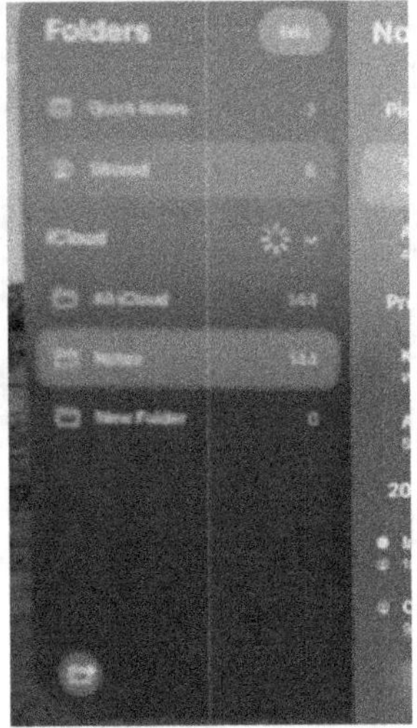

E-MAIL

Das Abrufen von E-Mails auf dem Vision Pro können Sie im Web abrufen, aber wenn Sie das nativ tun möchten, müssen Sie sich entweder eine kompatible App für das iPad besorgen oder Apples Mail App. Sie sieht sehr ähnlich aus wie Mail auf anderen Apple-Produkten. Wenn Sie sie öffnen, können Sie Ihre E-Mails hinzufügen; Sie haben die Möglichkeit, nach dem Hinzufügen eines Kontos weitere hinzuzufügen. Sie können also mehrere Mail-Konten haben.

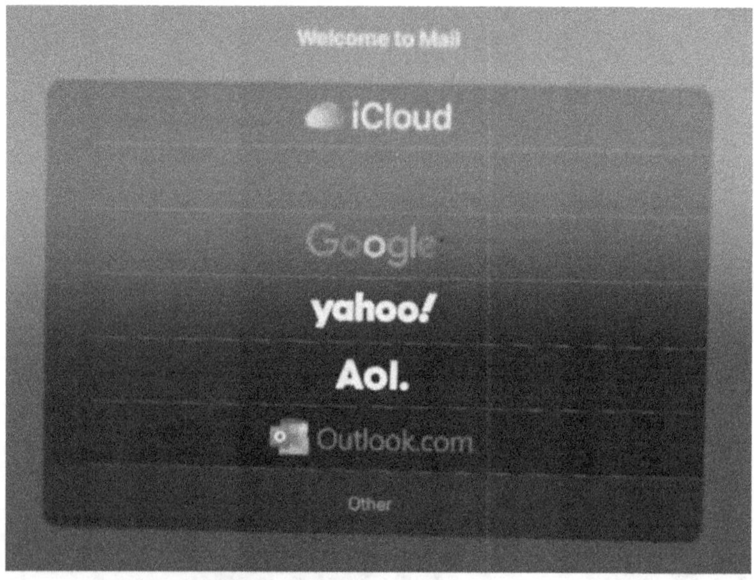

NACHRICHTEN

Nachrichten sieht fast genauso aus wie das iPad, ist aber für Vision Pro.

GRUNDGEDANKE

Keynote ist die einzige iWork-App, die auf dem Vision Pro enthalten (obwohl die iPad-Apps der anderen Programme unterstützt werden).

Wenn Sie das sehen, werden Sie sicher verstehen, warum. Pages und Numbers funktionieren sehr gut als iPad-Apps; ich bin sicher, dass sie irgendwann für Vision Pro optimiert werden, und dann werden sie auch etwas nützlicher sein. Aber Keynote wurde wirklich für den Vision Pro entwickelt und bietet meiner Meinung nach einen der besten Einblicke in die Zukunft dieser Art von Computern. Sie zeigt, was letztendlich einer der größten Anwendungsfälle für Vision Pro werden könnte: Bildung.

Die App selbst ist ähnlich wie Keynote auf dem Mac oder iPad; wenn Sie sie also dort verwendet haben, werden Sie sie auch hier problemlos nutzen können. Dies ist keine umfassende Anleitung zur Verwendung der Apps, daher werde ich hier nicht auf alle Funktionen eingehen, aber eine möchte ich besonders hervorheben: das Erstellen von Präsentationen.

Wenn Sie sich für das Üben einer Präsentation entscheiden, haben Sie die Möglichkeit, entweder in einem Konferenzraum oder im Steve Jobs Auditorium zu proben!

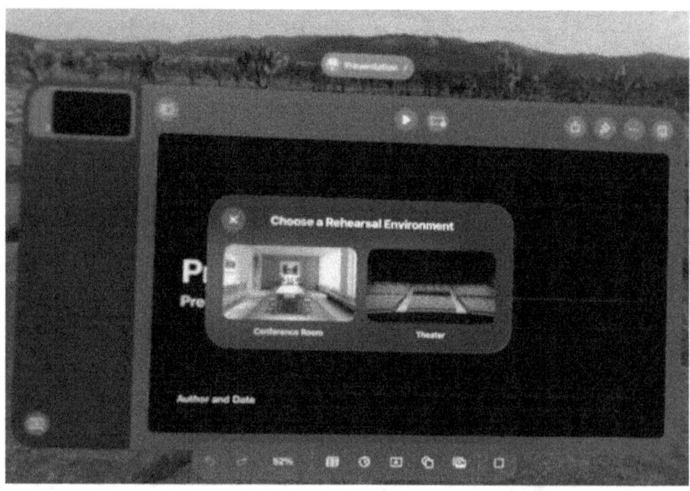

In beiden Fällen sehen Sie Ihre Folien in der Vorschau vor sich, und wenn Sie sich nach hinten drehen, sehen Sie Ihre Präsentation. Es fühlt sich wirklich so an, als stünden Sie auf der Bühne und würden vor einem leeren Raum präsentieren, und hinter Ihnen sehen Sie das leere Publikum.

Das ist cool, aber warum ist es ein Blick in die Zukunft? Vision Pro ist am ersten Tag; denken Sie an die Zukunft - denken Sie an die Kinder, die jetzt in der Grundschule sind und wahrscheinlich einen Vision Pro einpacken werden, wenn sie aufs College gehen. Aber zurück: Müssen sie wirklich noch aufs College gehen?

Was wäre, wenn das, was wir hier sehen, der Präsentationsmodus ist, es aber in Zukunft einen "Zuschauermodus" geben wird? Ein Modus, mit dem Sie in den Hörsaal einer Vorlesung gehen und sich nach rechts und links drehen können, um Ihre Kommilitonen zu sehen, wie Sie es im Klassenzimmer tun würden. Sie können mit ihnen sprechen und sogar Notizen austauschen.

Noch sind wir nicht so weit, aber diese App wird Sie dazu bringen, sich zu fragen, wie real diese Möglichkeit sein wird. Man wünscht sich, ein Kind zu sein, um etwas über Kunst zu lernen, indem man virtuell Museen besucht, oder etwas über den Mond zu erfahren, indem man ihn betritt! Die Vision Pro macht Lust auf die Zukunft, und es sind Apps wie Keynote die Ihnen helfen, sie zu sehen.

DATEIEN

Wenn Sie Dinge aus dem Internet herunterladen (oder E-Mail-Anhänge), können Sie sie hier finden. Sie haben auch Zugriff auf alle Ihre Cloud-Dokumente. Leider ist die Suche nicht besonders einfach.

FACETIME UND PERSONAS

Wenn Sie sich das Vision Pro OS umsehen, werden Sie schnell feststellen, dass es keine Facetime App. Das ist seltsam, denn die App gibt es tatsächlich - Sie werden nur kein Symbol dafür finden. Es gibt auch kein Telefon-Symbol - auch das ist vorhanden, aber es gibt keine Verknüpfung dafür.

Um stattdessen Sprach- oder Facetime-Anrufe zu tätigen Anrufe zu tätigen, gehen Sie zum Bereich "Personen" im Menü "Home", suchen Sie die Person, die Sie anrufen möchten, und wählen Sie auf der Kontaktkarte die Option "Facetine".

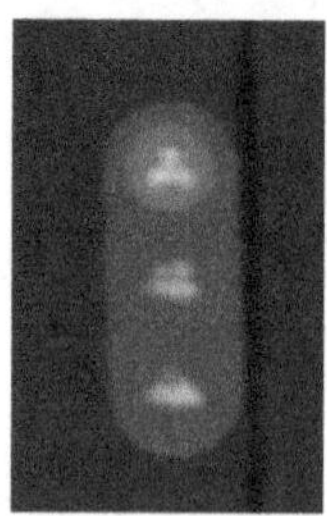

Ich sage das alles als Einleitung zu Personas; es gibt keine Personas-App, aber um die Vorteile von

Facetime Videoanrufe zu nutzen, brauchen Sie eine.

Personasbefindet sich zum Zeitpunkt dieses Schreibens in der Betaphase. Lassen Sie sich jedoch nicht von der Bezeichnung Beta täuschen, denn es funktioniert wirklich gut. Wenn Sie die Vision Pro noch nicht ausprobiert haben, dann haben Sie wahrscheinlich die Memes von Personas gesehen oder jemanden sagen hören, wie seltsam es aussieht. Wahrscheinlich haben Sie das von jemandem gehört, der den Vision Pro noch nicht benutzt hat und nur ein Foto gesehen hat. Man muss das Headset wirklich aufgesetzt haben, um es richtig zu verstehen.

Meine Frau lachte, als ich sie anrief; sie lachte ein bisschen zu lange! Ich nehme an, ich hätte mir die Haare machen können. Ich trage auch einen rosa Pullover auf meinem Foto, aber aus irgendeinem Grund passt er zu meiner Haut und lässt es auf den ersten Blick so aussehen, als hätte ich kein Hemd an!

Hier ist eines der wichtigsten Dinge, die Sie über Personas wissen müssenAchten Sie darauf, was Sie tragen! Wenn Sie einen schiefen Hemdkragen haben, werden die Leute das sehen, bis Sie Ihre Persona überarbeitet haben. Bei Personas dreht sich alles um Ihr Gesicht; das bedeutet, dass Ihr Haar und Ihre Kleidung steif wirken werden.

Achten Sie auf eine gute Beleuchtung, wenn Sie Ihr Foto für Personas machen. Wenn Sie ein Webcam-Licht haben, verwenden Sie es.

Die Erstellung einer Persona geht ziemlich schnell, also experimentieren Sie und haben Sie Spaß dabei. Machen Sie ein paar Fotos und sehen Sie, welches Ihnen am besten gefällt.

Umgebungen verändert auch die Art und Weise, wie Dinge klingen. Wenn Sie sich im Freien aufhalten, werden Sie eine sehr subtile Veränderung in der Art und Weise bemerken, wie Sie auf andere wirken. In dieses Erlebnis sind viele feine Details eingeflossen, und das ist eines davon.

Für jeden, den Sie anrufen, werden Sie wahrscheinlich ein wenig roboterhaft aussehen. Wenn Sie wissen wollen, warum Personas besser ist als ein Meme, dann suchen Sie sich jemanden mit einer Vision Pro anzurufen - dafür wurde Personas wirklich gemacht.

EINRICHTEN ODER BEARBEITEN EINER PERSONA

Wenn Sie bei der Einrichtung keine Persona erstellt haben oder dies nachholen möchten, müssen Sie dazu in Ihre Einstellungen gehen. Einstellungen > Personas. Von hier aus können Sie Ihre Persona entweder bearbeiten oder neu anlegen.

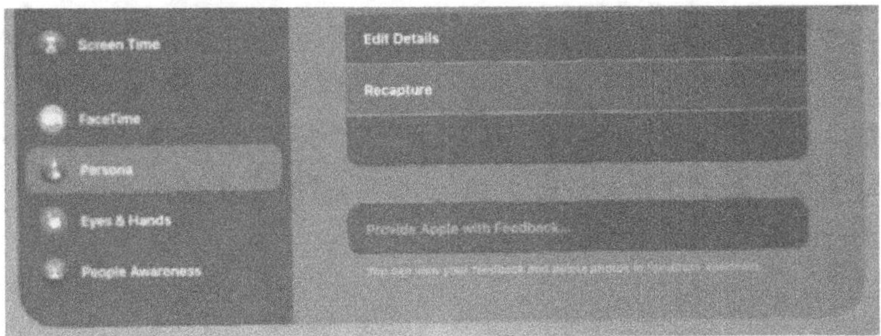

Wenn Sie eine Persona bearbeiten (oder wenn Sie es zum ersten Mal tun), können Sie die Beleuchtung Ihrer Persona auswählen.

Sie können auch die Helligkeit und Temperatur Ihres Hauttons einstellen.

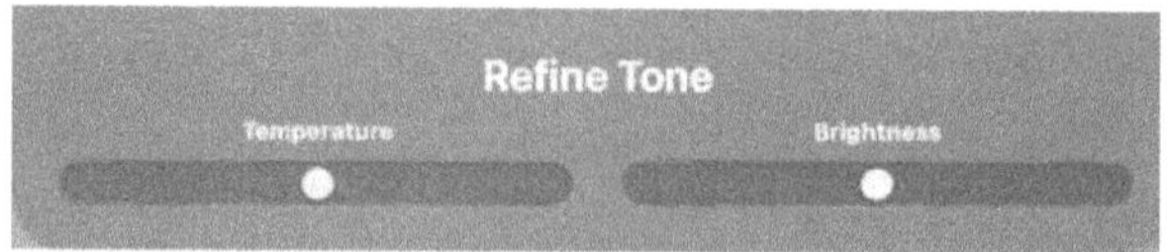

Schließlich können Sie wählen, ob Sie eine Brille haben.

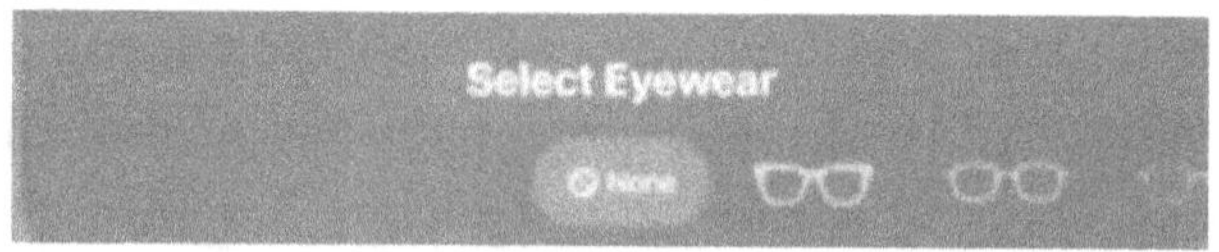

APP-STORE

Der App Store unterscheidet sich nicht allzu sehr vom iPad App Store. Hier ist das Wichtigste: Wenn Sie nach einer App suchen, werden Ihnen automatisch die nativen Apps angezeigt. Wenn Sie die Ergebnisse sehen, können Sie auf die kompatiblen Apps tippen, um alle Apps zu sehen. Wenn Sie also nach etwas wie Slack oder Outlook suchen (beide sind derzeit nicht nativ auf Vision Pro), müssen Sie zu den kompatiblen Apps wechseln, um sie zu finden.

Um eine App zu kaufen, können Sie Ihr Passwort verwenden oder Optic ID aktivieren.-aktivieren, d. h., wenn Sie etwas kaufen möchten, starren Sie einfach auf den Bildschirm und das System bestätigt Ihre Identität durch einen Augenscan.

KOMPATIBLE APPS

Apps die kompatibel mit Vision Apps, die mit Vision Pro kompatibel sind, aber nicht für Vision Pro entwickelt wurden (z. B. iPad-Apps), werden in diesem Abschnitt angezeigt - dazu gehören sowohl Apple-Apps als auch Apps, die Sie aus dem App Store herunterladen.

[5]
AUFNEHMEN UND BETRACHTEN VON BILDERN UND VIDEOSS

AUFNEHMEN VON RÄUMLICHEN VIDEOSS UND FOTOS MIT VISION PRO

Das Aufnehmen von Videos mit Ihrem Vision Pro ist nicht schlecht, aber meiner Meinung nach nicht so gut wie das, was man mit dem iPhone 15 Pro machen kann. Vision Pro eignet sich besser zum Betrachten als zum Aufnehmen von Inhalten. Wenn Sie kein iPhone 15 Pro haben, ist Vision Pro im Moment die einzige Option - aber seien Sie nicht überrascht, wenn Spacial Capture in Zukunft auch auf dem iPad und sogar auf den billigeren iPhones zu finden sein wird.

Das Aufnehmen von Fotos und Videos ist ganz einfach: Sie müssen keine Kamera App zu öffnen, wie Sie es bei anderen Geräten tun würden. Sie müssen nur einmal auf die obere Taste drücken.

Sobald Sie auf die obere Taste drücken, werden Sie gefragt, ob Sie ein Foto oder ein Video aufnehmen möchten.

Drücken Sie erneut auf die obere Taste, um das Foto oder Video aufzunehmen. Wenn Sie ein Video aufnehmen, können Sie entweder auf die obere Taste drücken, um die Aufnahme zu stoppen, oder auf das rote Stopp-Symbol.

Sie können diese Fotos und Videos mit jedem teilen - auch mit Menschen ohne Vision Pro. Aber für alle anderen werden sie in 2D angezeigt.

AUFNEHMEN VON RÄUMLICHEN VIDEOSS UND FOTOS MIT DEM IPHONE 15 PRO

Wenn Sie ein iPhone 15 Pro besitzen, dann haben Sie vielleicht schon Erinnerungen festgehalten, die für die Vision Pro optimiert und wissen es nicht einmal! Wenn nicht, zeigen wir dir, wie es geht (leider nur für das iPhone 15 Pro und Pro Max - mit dem normalen iPhone 15 geht es nicht... und auch nicht mit iPhone Provor dem 15er).

EINRICHTEN DES IPHONE 15 PRO FÜR RÄUMLICHE VIDEOS MAGIE

Das Wichtigste zuerst: Machen Sie Ihr iPhone 15 Pro oder Pro Max bereit für diese 3D-Reise. Gehen Sie zu "Einstellungen > Kamera > Formate" und schalten Sie die Option "Räumliches Video für Apple Vision Pro"-Option. Diese Einstellung ist deine goldene Eintrittskarte in die 3D-Welt und ist für iPhone 15 Pro-Modelle mit iOS 17.2 oder neuer verfügbar (sie war nicht verfügbar, als die Telefone zum ersten Mal auf den Markt kamen, also stelle sicher, dass du das Update machst, wenn du es nicht schon getan hast).

AUFZEICHNUNG IHRES ERSTEN RÄUMLICHEN VIDEOS

Bereit zum Loslegen? Schnappen Sie sich Ihr iPhone 15 Pro und fangen Sie an zu filmen:

1. **Starten Sie die Kamera App**: Öffnen Sie die Kamera und wechseln Sie in den Video Modus. Die Querformatausrichtung ist hier Ihr Freund - die Porträtausrichtung ist keine Option.
2. **Aktivieren Sie Spatial Video**: Suchen Sie die Schaltfläche Spatial Video Off und tippen Sie darauf. Jetzt können Sie in 3D aufnehmen!
3. **Halten Sie den Moment fest**: Drücken Sie die Aufnahmetaste oder eine der Lautstärke-tasten, um zu starten. Hier sind einige Profi-Tipps für die perfekte Aufnahme:

    a. Halten Sie Ihr iPhone stabil und waagerecht.

    b. Positionieren Sie Ihre Motive in einem Abstand von etwa 3 bis 8 Fuß.

    c. Stellen Sie sicher, dass die Beleuchtung hell und gleichmäßig ist.

4. **Beenden Sie die Aufnahme**: Tippen Sie erneut auf die Schaltfläche Aufnahme oder drücken Sie eine Lautstärketaste, um die Aufnahme zu beenden. Um den räumlichen Videomodus zu beenden, tippen Sie einfach auf die Schaltfläche Spatial Video Ein".

ANZEIGEN UND WEITERGEBEN IHRER 3D-KREATIONEN

Vergewissern Sie sich, dass Sie mit Ihrer Apple ID eingeloggt sind und iCloud Fotos aktiviert haben, um eine nahtlose Synchronisierung zwischen den Geräten zu gewährleisten.

EINE KURZE ANMERKUNG ZU DEN SPEZIFIKATIONEN

Denken Sie daran, dass räumliche Videos auf dem iPhone 15 Pro und Pro Max in 1080p mit 30 Bildern pro Sekunde aufgenommen werden. Jede Minute dieses 3D-Videos nimmt etwa 130 MB Speicherplatz in Anspruch, also planen Sie Ihren Speicherplatz entsprechend. Das Chorkonzert könnte am Ende über 4 GB auf deinem Handy belegen!

FOTOS ANSEHEN

Die Fotos-App ist optimiert für Vision Pro optimiert, aber in gewisser Weise ist sie auch eine minderwertige App im Vergleich zu dem, was man auf dem iPhone und iPad bekommt; die Fotos-App ist zum Betrachten von Fotos gedacht, nicht zum Bearbeiten. Sie ist auf eine sehr vertraute Art und Weise organisiert, erinnert aber auch daran, dass der Vision Pro ein Gerät zum Betrachten von Inhalten ist - und nicht immer zum Bearbeiten von Inhalten.

Es gibt drei Hauptbereiche der App. Auf der rechten Seite befindet sich der Hauptanzeigebereich, in dem alle Miniaturbilder angezeigt werden; daneben befindet sich das Untermenü, das auf dem von Ihnen ausgewählten Menü basiert.

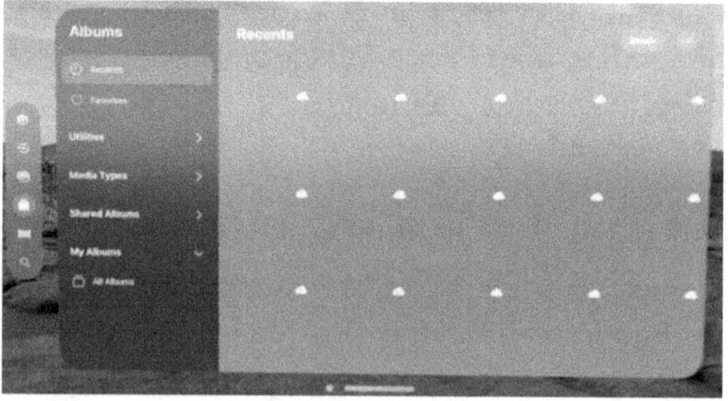

Auf der rechten Seite befindet sich schließlich das Hauptmenü, das Folgendes anzeigt: Spacial (hier wird jede mit dem iPhone oder Vision Pro aufgenommene räumliche Ansicht angezeigt) Pro aufgenommen wurden, Erinnerungen (die Sie erstellen können oder die Apple für Sie erstellt), Bibliothek (alle Fotos), Alben, Panoramen und Suchen.

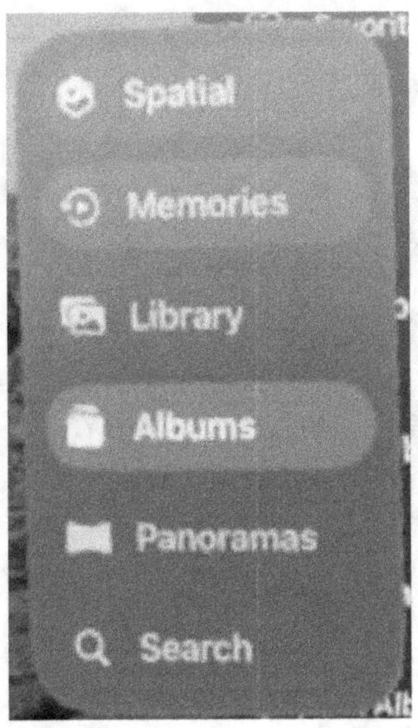

Wenn Sie die Suche schon länger nicht mehr ausprobiert haben, lohnt es sich, sie zu testen. Denken Sie dabei nicht an die Suche nach den Titeln von Dateien, das ist von gestern! Mit der heutigen Suche können Sie nach dem suchen, was auf den Fotos zu sehen ist. Sie können also "weißer Hund" sagen, und die Anwendung versteht, was Sie gerade gesagt haben, und durchsucht Ihre Fotos nach allem, was einem weißen Hund ähnelt.

Wenn Sie Ihr Foto betrachten, können Sie es teilen und ansehen, aber das war's auch schon. Durch Zwicken und Streichen können Sie die Fotos links und rechts davon sehen, aber auch hier gibt es derzeit keine Option zum Bearbeiten eines Fotos.

Neben den Spacial-Videos (die, wenn Sie kein iPhone 15 Pro haben, wahrscheinlich leer sind), ist das Beste an der App die Panoramen; und das Tolle an den Panoramen ist, dass Sie sie mit jedem Telefon aufnehmen können - Sie haben also vielleicht schon ein paar in Ihrer Bibliothek.

Wenn Sie sich ein Panorama auf dem Vision Pro betrachten, sieht es wie ein langes Foto aus. Aber sehen Sie sich das Symbol in der oberen rechten Ecke an - es sieht aus wie ein rechteckiger Kasten, der zusammengedrückt wird.

Dadurch wird Ihr Foto zu einem immersiven 180-Grad-Foto. Sie können es unten nicht sehen, aber mit dem Headset könnte ich mich nach links und rechts drehen, um das Foto in gestochen scharfem HD zu sehen.

Das Betrachten von Spacial-Fotos und -Videos ist ein ähnlicher Prozess; die normale Ansicht ist 3D, aber nicht immersiv; wenn Sie auf das Ecksymbol drücken, werden Ihre Spacial-Fotos und -Videos zu einem immersiven Erlebnis. Aber seien Sie gewarnt! Spacial-Videos können Reisekrankheit verursachen! Wenn Sie sich diese Art von Inhalten ansehen, achten Sie darauf, dass die Szene nicht zu viel Bewegung enthält. Ich habe meine Hunde beim Spielen gefilmt und bin fast umgefallen, als ich den immersiven Modus eingeschaltet habe!

[6]

EINSTELLUNGEN

Da Sie sich nun mit Vision Pro kennengelernt haben, werfen wir nun einen Blick auf die Einstellungen, in denen Sie sehen können, wie Sie Dinge konfigurieren können.

Die Einstellungs-App sieht fast genauso aus wie auf dem iPad: eine Navigation auf der linken Seite mit den Einstellungen für jede Kategorie auf der rechten Seite. Aber lassen Sie sich nicht vom Aussehen täuschen, denn es gibt eine Menge Einstellungen, die Sie nur auf Vision OS. Ich gehe als Nächstes auf die einzelnen Bereiche ein.

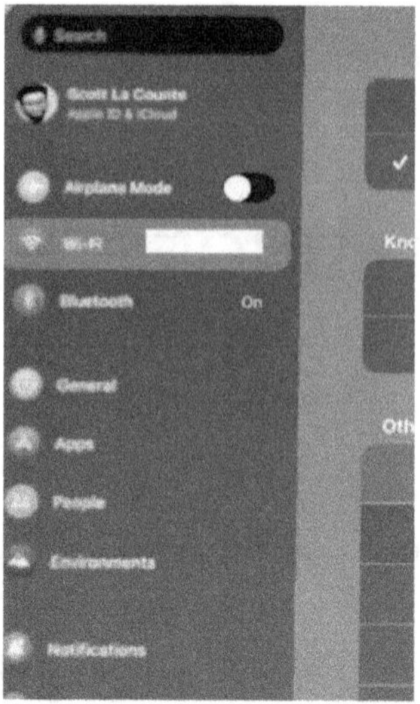

Wi-Fi

Wenn Sie das drahtlose Netzwerk, in dem Ihr Vision Pro verwendet wird, gehen Sie hierhin. Das System merkt sich Passwörter. Wenn Sie also einen Ort aufsuchen, an dem Sie schon einmal waren, stellt es automatisch eine Verbindung her, wenn das WLAN dasselbe ist.

Bluetooth

Was ist, wenn Sie einen Controller verwenden möchten? Tastatur? Trackpad? Oder ein anderes unterstütztes Bluetooth Gerät? Das machen Sie unter Bluetooth. Die meisten Controller und Tastaturen werden unterstützt, aber die beste Wahl für ein Trackpad ist das Apple-Gerät. Wenn Sie ein

Trackpad verwenden, wird ein kleiner transparenter Kreis auf dem Bildschirm angezeigt.

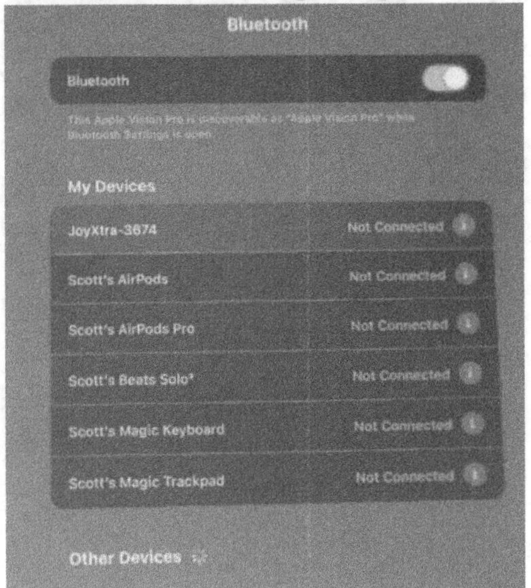

ALLGEMEIN

Einige der wichtigsten Einstellungen befinden sich unter Allgemein. Unter "Info" können Sie die Seriennummer Ihres Geräts abrufen, Software-Updates durchführen, das Aussehen der Tastatur ändern, die Uhrzeit einstellen, die Sprache ändern, ein VPN hinzufügen, Ihr Vision Pro zurücksetzen und ihn auch ausschalten.

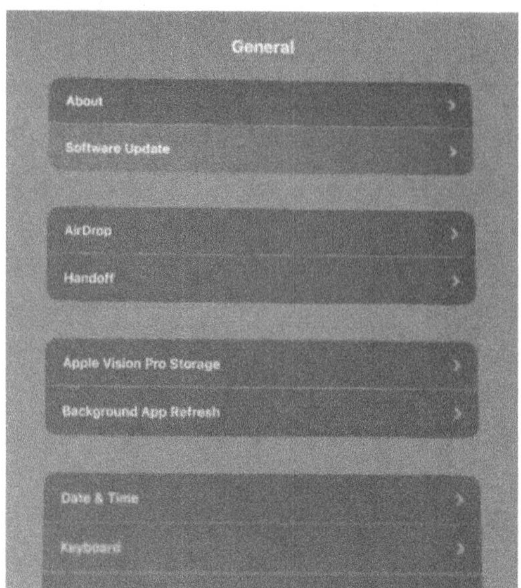

APPS

Wie der Name schon sagt, finden Sie unter Apps eine Liste all Ihrer Apps, aber hier können Sie auch Ihre App-Einstellungen ändern. Wenn Sie auf eine beliebige App tippen, sehen Sie zusätzliche Dinge, die Sie hinzufügen oder ändern können.

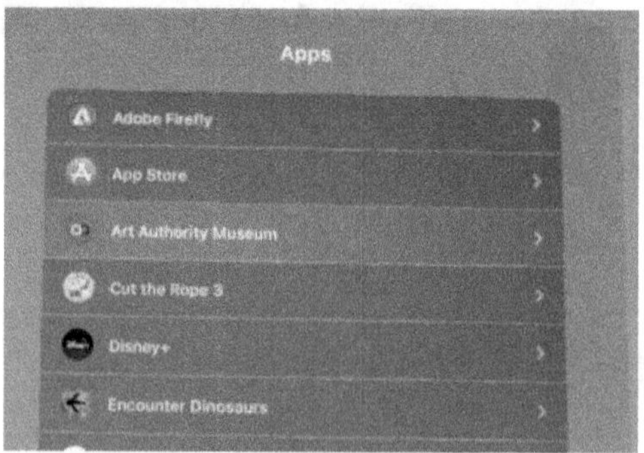

MENSCHEN

Mit der Funktion "Personen" können Sie einstellen, wie Namen angezeigt werden. Außerdem können Sie Personen zu Ihrer Blockierliste hinzufügen, damit sie Sie nicht kontaktieren können.

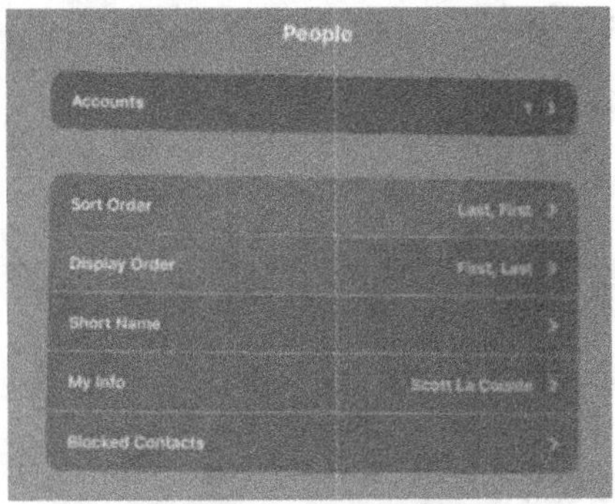

UMGEBUNGEN

Umgebungen können Sie auswählen, ob eine Umgebung hell oder dunkel ist oder sich automatisch ändert, je nachdem, wo Sie sich befinden. Die Lautstärke unten gilt nicht für den normalen Ton, sondern für die Umgebungsgeräusche, die in der Umgebung abgespielt werden - wenn du also am Strand bist, hörst du die Wellen im Hintergrund, aber du kannst einstellen, wie laut sie sind.

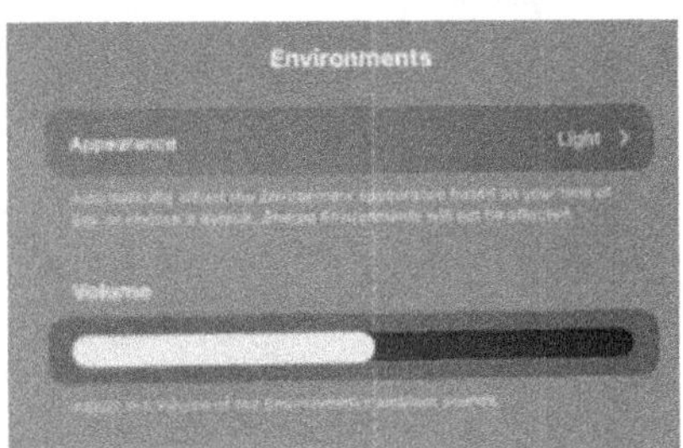

BENACHRICHTIGUNGEN

Benachrichtigungen können Sie die Arten von Benachrichtigungen einstellen, die Sie von Apps erhalten. Angenommen, Sie laden die NBA-App herunter, möchten aber keine Benachrichtigungen von ihr erhalten; Sie können sie ausschalten oder, wenn Sie sie einschalten möchten, auswählen, wie sie angezeigt werden.

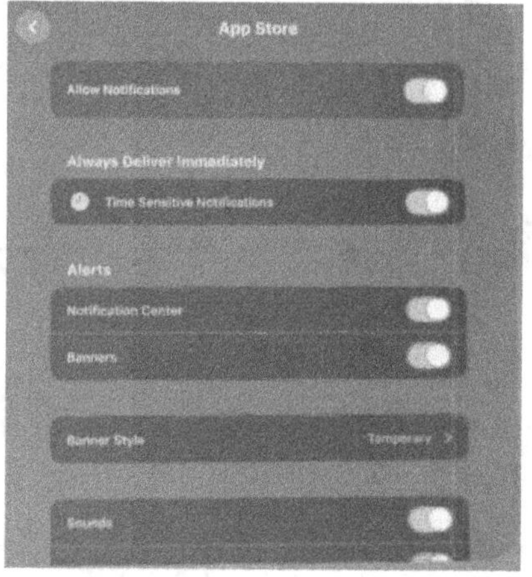

KLINGT

Töne können Sie die Tonwiedergabe auf Ihrem Gerät anpassen.

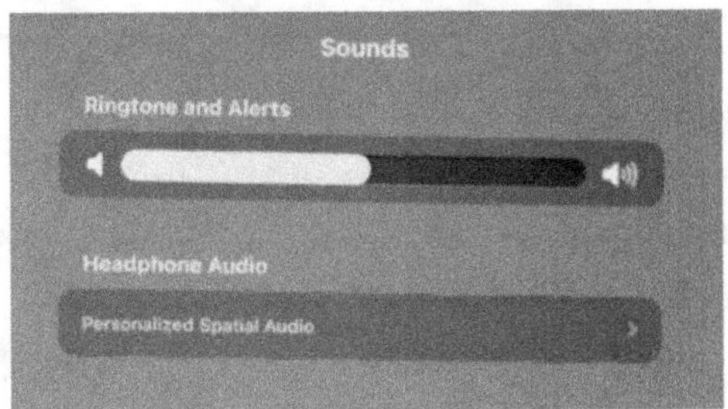

SCHWERPUNKT

Fokus So können Sie beispielsweise einen Modus einstellen, in dem Sie keine E-Mail- oder SMS-Benachrichtigungen erhalten, aber dennoch Anrufe von Familienmitgliedern bekommen, oder Sie können alle Benachrichtigungen ausschalten.

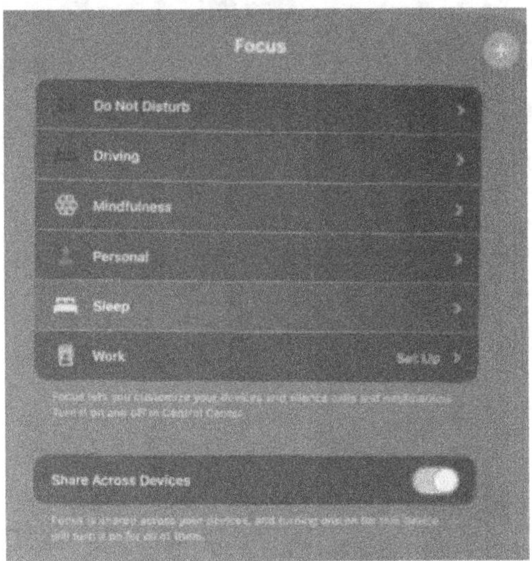

BILDSCHIRMZEIT

Wenn Sie eine Vision Pro haben, konsumieren Sie wahrscheinlich gerne Unterhaltung, und Sie werden diese Funktion direkt übergehen! Aber im Grunde können Sie damit verschiedene Einschränkungen festlegen - so können Sie Spiele nur eine bestimmte Anzahl von Stunden spielen oder nur Filme ab 13 Jahren ansehen.

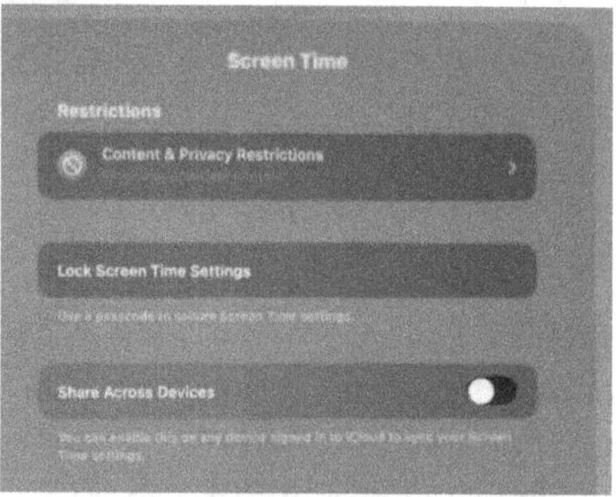

FACETIME

FaceTime ist in Bezug auf die Einstellungen ziemlich einfach; Sie können Siri und die Suche einschalten und FaceTime ein- und ausschalten; eine Sache, die Sie vielleicht tun möchten, ist das Hinzufügen verschiedener E-Mails und Telefonnummern, was in den unteren Feldern geschieht (in der Abbildung unten nicht gezeigt).

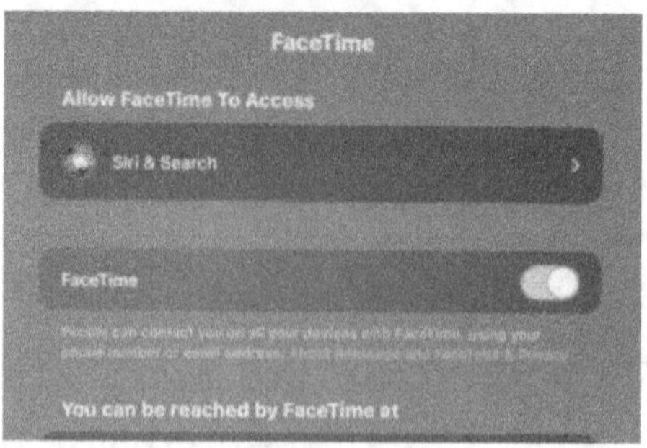

PERSONA

In Persona können Sie Änderungen vornehmen oder Ihre Persona wiederherstellen; dies wurde bereits in einem früheren Kapitel behandelt.

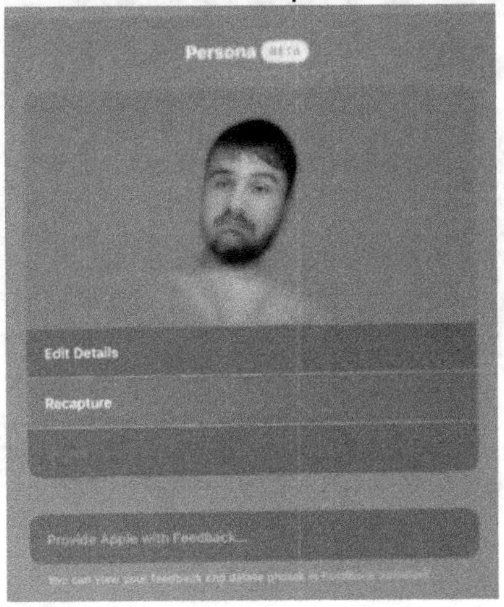

AUGEN & HAND

Wenn die Hand- und Augensteuerung nicht funktioniert, sollten Sie als Erstes versuchen, Ihre Fenster mit dem Tuch zu reinigen, das Apple mit Ihrem Vision Pro beiliegt. Sie können auch das Licht einstellen. Wenn das nicht funktioniert, können Sie in diese Einstellung gehen und die Verfolgung erneut durchführen. Sie können auch versuchen, Ihr Gerät neu zu starten. Das Tracking des Vision Pro ist unglaublich, aber manchmal ist es ein wenig... fehlerhaft, z. B. können Sie keine Ecken oder kleinere Tasten auswählen.

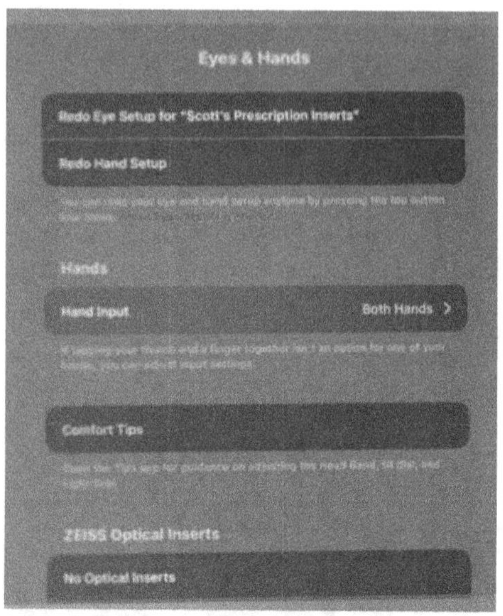

BEWUSSTSEIN FÜR DIE MENSCHEN

Wenn Leute auf dich zukommen, während du das Headset trägst, verschwindet deine Umgebung, und du kannst sie sehen. Ich finde das ziemlich cool und es hilft mir, nicht völlig aus der Welt zu verschwinden. Wenn du aber lieber niemanden sehen möchtest, kannst du die Personenerkennung in dieser Einstellung abschalten. Du kannst auch auswählen, ob du Leute sehen willst, wenn du etwas Immersives siehst oder nur, wenn du eine Umgebung hast.

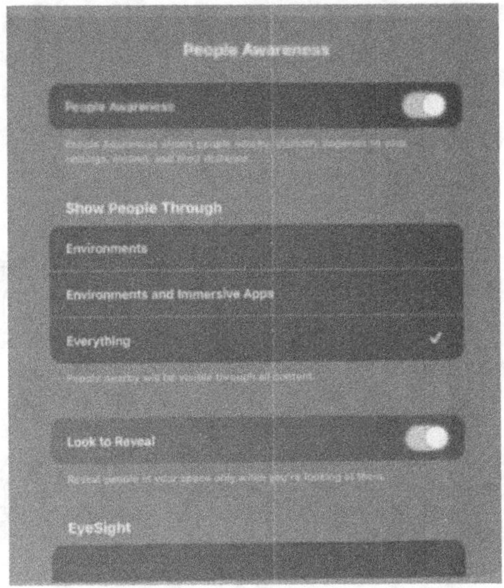

ERREICHBARKEIT

Neben der Einstellung Allgemein ist die Einstellung Zugänglichkeit die umfassendste. Hier können Sie Bewegungen reduzieren, eine Hörhilfe hinzufügen, Text größer machen und vieles mehr.

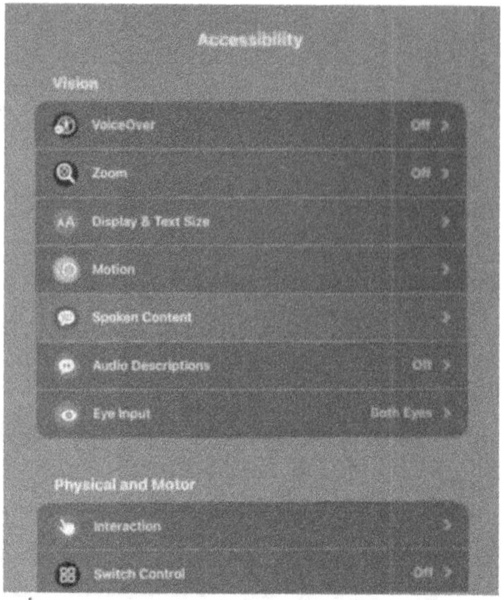

KONTROLLZENTRUM

Wenn Sie Ihr Support Center noch nie angepasst haben, sollten Sie dies in Erwägung ziehen. Wenn Sie die Einstellungen des Kontrollzentrums können Sie Verknüpfungen hinzufügen oder entfernen, indem Sie auf das + oder - Symbol neben der Verknüpfung drücken. In VisionOS können Sie auch die Position anpassen, an der das Symbol angezeigt wird. Wenn Sie möchten, dass das Symbol höher oder niedriger angezeigt wird, können Sie den Schieberegler bewegen, um die beste Position zu finden.

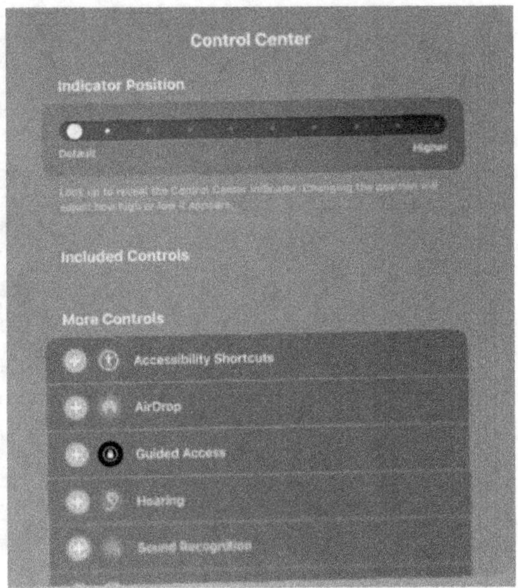

SIRI & SUCHE

Wenn Sie ändern möchten, wie Siri aktiviert wird, wie sich die Stimme anhört und vieles mehr, können Sie dies in dieser Einstellung tun.

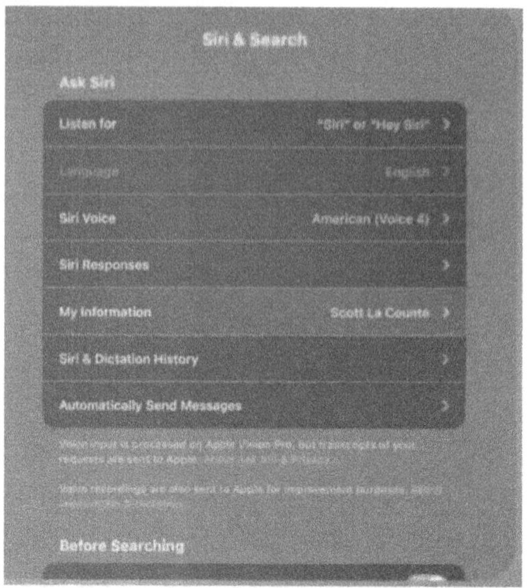

DATENSCHUTZ & SICHERHEIT

Ihre Apps verfolgen verschiedene Dinge, z. B. Ihren Standort. Sie können das hier ein- und ausschalten. Aber Vorsicht: Wenn Sie die Ortung deaktivieren, kann sich das Verhalten der App ändern. Eine Wetter-App muss zum Beispiel wissen, wo Sie sind, um Ihnen das Wetter an Ihrem Standort anzuzeigen.

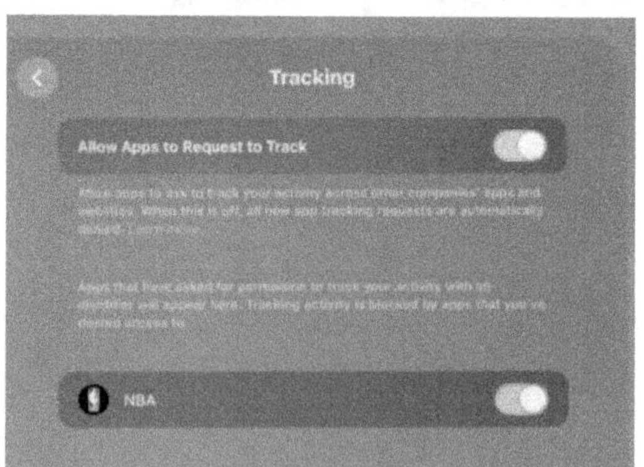

ANZEIGE

Wenn Ihnen etwas zu groß oder zu klein, zu hell oder zu dunkel erscheint, können Sie es hier einstellen.

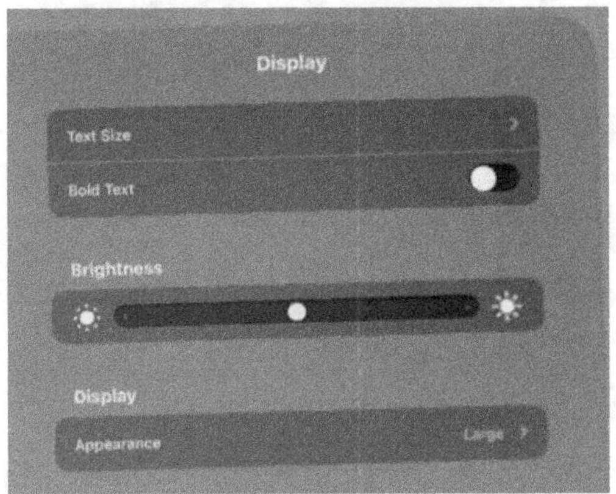

BATTERIE

Der Batteriebereich ist sehr einfach, wie dieses Schreiben; es ist nur ein Kippschalter, mit dem Sie ein-und ausschalten der Batterie Prozent.

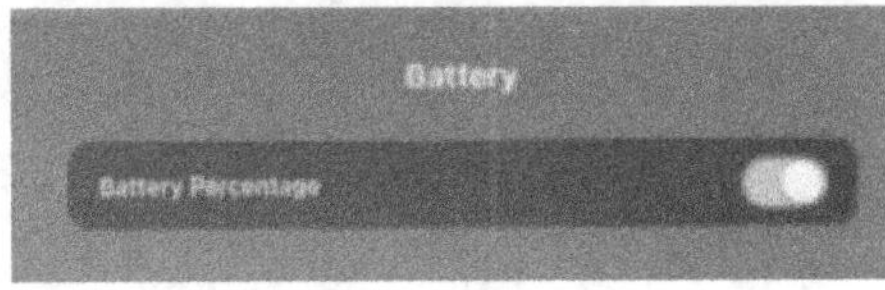

LAGERUNG

Speicherplatz zeigt an, wo Ihr gesamter Speicherplatz verwendet wird. An einigen Dingen können Sie nicht viel ändern, zum Beispiel können visionOS und Systemdaten nicht reduziert werden.

Andere Dinge können entweder ausgelagert oder gelöscht werden, um Platz zu sparen.

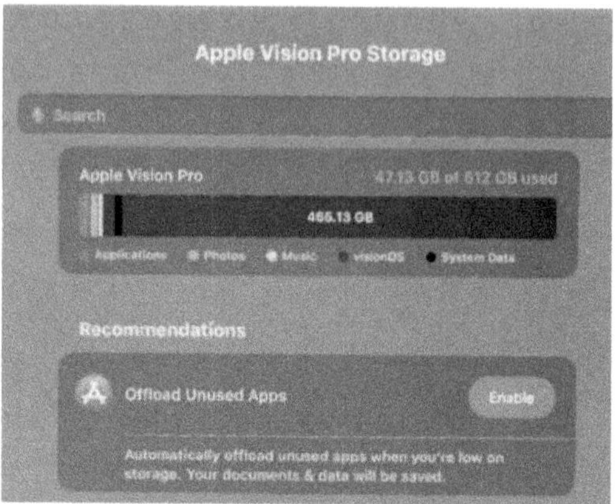

Wenn Sie nach unten scrollen, können Sie sehen, wie viel Speicherplatz jede einzelne App verbraucht; einige Apps benötigen mehrere GB.

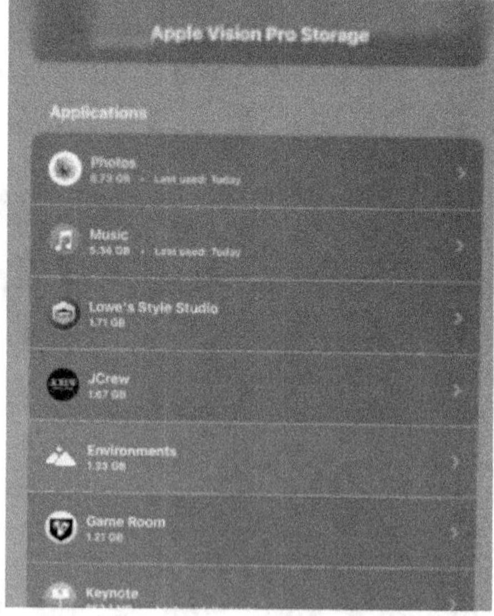

OPTISCHE ID & PASSCODE

Das Bezahlen und die Verwendung Ihres Passworts sind bei Vision Pro etwas anders. Im Gegensatz zu anderen Geräten, bei denen Sie Ihren Fingerabdruck oder Ihr Gesicht verwenden können, nutzt Vision Pro Ihre Augen. Wenn Sie es vorziehen, einige Dinge auf die altmodische Art und Weise zu erledigen, indem Sie Ihr Passwort eingeben, können Sie hier umschalten, wo es verwendet wird.

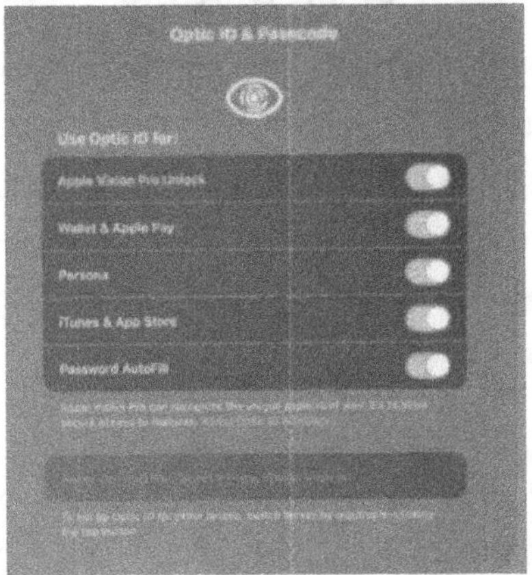

PASSWÖRTER

Wenn Sie sich also nicht mehr daran erinnern können, welches Passwort Sie für eine bestimmte Website verwendet haben, können Sie es hier einsehen.

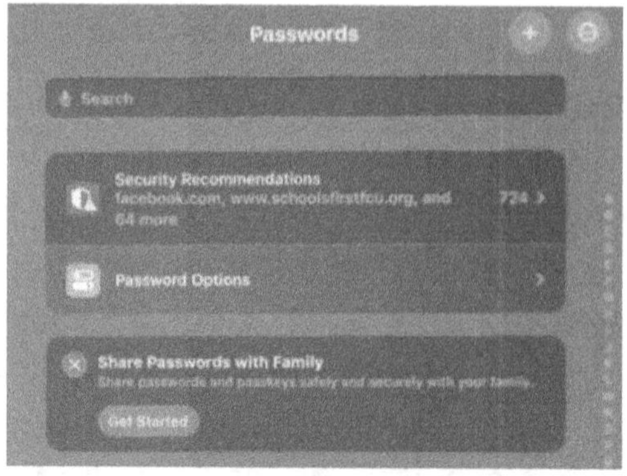

SPIEL-CENTER

Game Center wird verwendet, wenn Sie Spiele gegen Freunde oder andere Benutzer spielen möchten; außerdem können Sie damit Spielerfolge verfolgen. In diesem Abschnitt können Sie es einschalten, Ihren Benutzernamen sehen und andere einladen, Sie zu sehen.

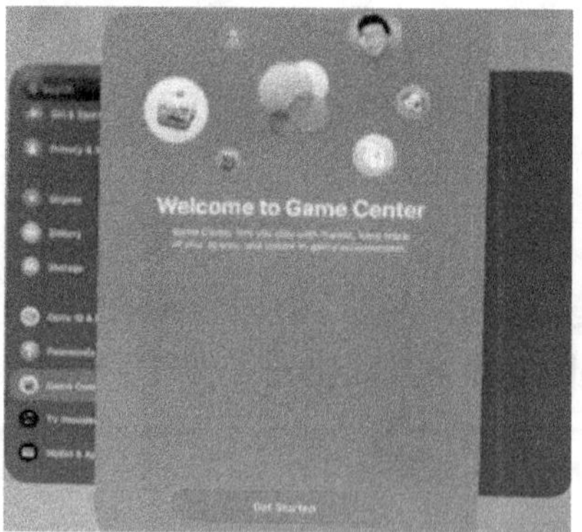

TV ANBIETER

Wenn Sie ein Kabelfernsehabonnement haben-abonniert haben, können Sie sich in diesem Bereich bei Ihrem Anbieter anmelden; so können Sie bestimmte Apps auch ohne Abonnement ansehen.

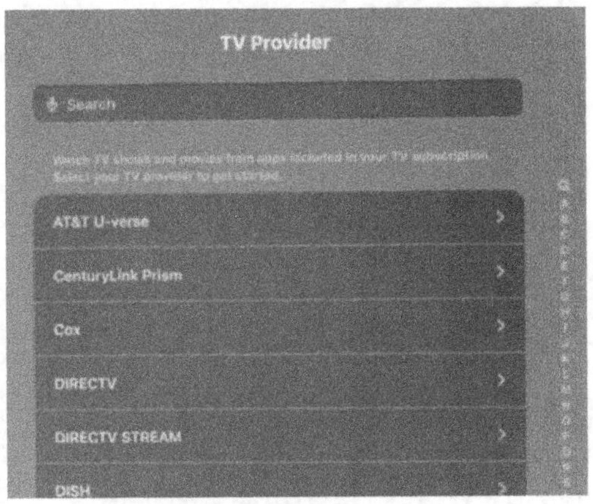

WALLET & APPLE PAY

In Wallet werden alle Ihre Zahlungen gespeichert und Sie können hier auch eine neue Kreditkarte hinzufügen und Apple Cash ein- und ausschalten.

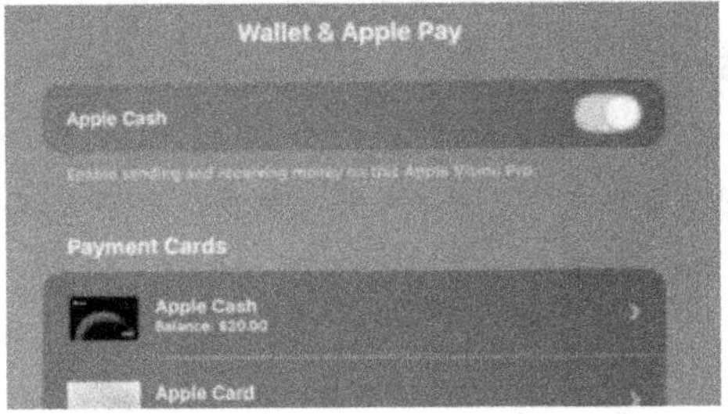

ANHANG A: SCHUTZ DER VISION PRO

Lassen Sie uns darüber sprechen, wie Sie Ihren neuen Vision Pro sicher und gesund. Sie haben wahrscheinlich schon von AppleCare+ gehört, und für den Vision Pro ist das eine Option, die Sie vielleicht ernsthaft in Betracht ziehen sollten. Hier erfährst du, was es bietet und warum es für dein Gerät die Rettung sein könnte.

DIE VISION PROFI-GARANTIE

Ihr Apple Vision Pro mit einer einjährigen Hardware-Garantie und bis zu 90 Tagen kostenlosem technischem Support. Das ist zwar ganz nett, aber wenn du einen umfassenderen Schutz suchst, ist AppleCare+ die richtige Wahl.

APPLECARE+

Sie können sich für eine zweijährige Abdeckung für $ 499 oder für einen monatlichen Plan für $ 24,99 entscheiden, der so lange läuft, bis Sie sich entscheiden, ihn zu kündigen.

Das erhalten Sie mit AppleCare+:

- **Versicherungsschutz bei Unfallschäden**: Wir alle kennen das: Unfälle passieren. Mit AppleCare+ erhalten Sie unbegrenzten Schutz vor Unfallschäden, wobei für jeden Vorfall eine Servicegebühr anfällt. Betracht-en Sie es als Sicherheitsnetz für diese Momente, in denen Ihnen etwas passiert.
- **Express-Austausch-Service**: Niemand ist gerne ohne sein technisches Gerät. Mit diesem Service wird Ihnen ein Ersatzgerät zugeschickt, sodass Sie nicht im Stich gelassen werden, während Ihr Gerät repari-ert wird.
- **24/7 Expertenzugang**: Sie haben eine Frage um 2 Uhr morgens? Kein Problem. Apple-Care+ bietet Ihnen rund um die Uhr Zugang zu Apple Experten.
- **Umfassende Hardware-Deckung**: Dazu gehören Ihr Vision Pro, den Akku und sogar das mitgelieferte Kabel.

WARUM SOLLTE MAN APPLECARE IN BETRACHT ZIEHEN?+?

Sicherlich haben Sie sich schon einmal von einer Garantie betrogen gefühlt. Ist AppleCare+ ein Betrug? Nein, ganz bestimmt nicht. Es geht um Ihren Seelenfrieden. Hoffentlich werden Sie sie nie brauchen, aber ohne sie könnte Sie ein einfaches zerbrochenes Deckglas 799 $ kosten, und andere Reparaturen könnten bis zu 2.399 $ kosten. Huch!

Mit AppleCare+ werden diese Kosten deutlich gesenkt. Andere Unfallschäden sind zum Beispiel für 299 $ pro Vorfall abgedeckt.

APPLECARE ERHALTEN+

Wie genau bekommen Sie AppleCare+? Es gibt zwei Möglichkeiten:

- **Kaufen Sie beim Kauf**: Am einfachsten ist es, wenn Sie es beim Kauf Ihres Vision Pro.
- **60-Tage-Fenster**: Sie haben es beim Auschecken verpasst? Kein Grund zur Sorge. Sie haben ab dem Kauf Ihres Geräts 60 Tage Zeit, um AppleCare+ über das Einstellungsmenü oder in einem Apple Store.

AppleCare+ für Ihre Vision Pro ist wie ein treuer Partner, der einspringt, wenn etwas schief läuft. Ganz gleich, ob Sie sich für den Zwei-Jahres-Vertrag oder für eine monatliche Zahlung entscheiden - es ist eine Investition in den Seelenfrieden.

ANHANG B: ZUBEHÖR

Die Vision Pro ist nicht das teuerste Apple-Gerät aller Zeiten; diese Ehre gebührt den originalen goldenen Apple Watches - erinnern Sie sich an diese? Nicht viele Menschen tun das! Aber der Höchstpreis lag bei 17.000 Dollar. Nachdem Sie über 3.500 Dollar für das Headset ausgegeben haben, müssen Sie sogar noch mehr in Betracht ziehen, bei Apple zu kaufen (ohne die 499 Dollar für Apple Care+).

Die ZEISS Optical Inserts werden hier nicht aufgeführt, weil ich sie nicht wirklich als optionales Zubehör bezeichnen würde - wenn Sie eine Korrektionsbrille tragen, brauchen Sie sie.

APPLE VISION PRO REISE TASCHE

Das erste, was Sie sich überlegen sollten, ist eine Hülle. In den nächsten Monaten und Jahren wird es viele Drittanbieter geben, die Schutzhüllen für das Vision® Pro herstellen (Spigen war eine der ersten; sie haben eine sehr schöne Hülle für knapp 100 Dollar). Pro in den nächsten Monaten und Jahren, aber wenn Sie die offizielle Hülle von Apple wollen, wird sie 199 Dollar kosten.

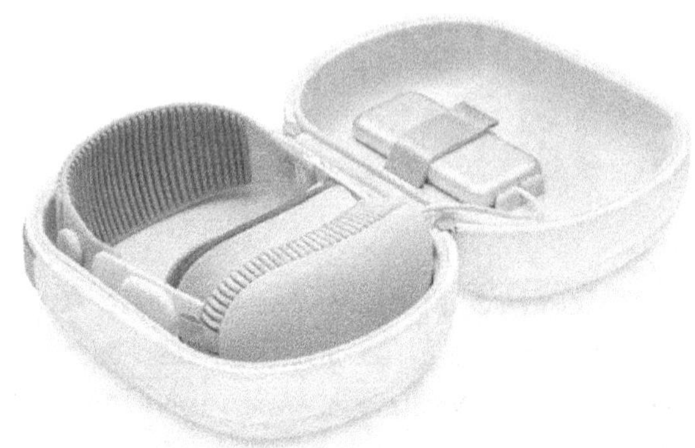

Das Headset wird als "Reiseetui" bezeichnet, aber realistisch betrachtet, werden Sie es wahrscheinlich für den täglichen Gebrauch benötigen. Es ist ein ziemlich robustes Headset, aber die meisten Leute werden sich wahrscheinlich nicht wohl dabei fühlen, es auf ihre Couch oder ihren Schreibtisch zu werfen und einfach wegzugehen.

BELKIN BATTERIE HALTERUNG FÜR APPLE VISION PRO

Derzeit gibt es nur ein einziges Drittunternehmen (neben ZEISS), mit dem Apple eine Partnerschaft für Zubehör geschlossen hat: Belkin. Das Vision Pro-Batteriepack ist etwas, das auf vielen Vision Pro-Fotos fehlt. Es ist nicht so, dass Apple die Tatsache verschweigt, dass man eines braucht - sie wissen wahrscheinlich nur, dass es viel interessanter aussieht, wenn nicht irgendetwas an der Seite von Ihnen baumelt. Sie können es natürlich in Ihre Tasche stecken oder neben sich legen, aber für 49 $ hat Belkin eine Halterung für das Battery Pack entwickelt, so dass Sie es auch an sich selbst befestigen können.

Brauchen Sie das? Das hängt ganz davon ab, wie Sie die Vision Pro. Wenn Sie mit dem Gerät am Schreibtisch sitzen, ist das Kabel lang genug, um es problemlos abzustellen; dasselbe gilt, wenn Sie einen Film ansehen. Schwierig wird es, wenn Sie trainieren oder sich bewegen - vor allem, wenn Sie etwas tragen, das keine Taschen hat. Wenn Sie keine 49 Dollar ausgeben möchten, finden Sie wahrscheinlich eine Menge sehr preiswerter Lösungen für dieses Problem bei anderen Drittanbietern.

APPLE VISION PROFI-BATTERIE

Sie können für fast jedes Einzelteil des Vision Profi. Brauchen Sie das? Wenn Sie das Gerät mit Familienmitgliedern teilen und deren Kopfgröße größer ist, dann könnte das eine gute Investition sein. Aber für die meisten Menschen lautet die Antwort: Nein. Eine Sache, die jedoch einige Leute vielleicht mitnehmen möchten, ist ein zusätzlicher Akku für 199 $.

Die Vision Pro hält bei normalem Gebrauch etwa 2 Stunden. Wenn Sie auf einem Flug sind, ist das wahrscheinlich nicht genug Zeit. Aber, und das ist ein wichtiges Aber, Sie können den Akku aufladen, während Sie ihn benutzen. Sie können das Akku-paket auch mit einem USB-C Akkupack aufladen, während Sie ihn benutzen. Ein zusätzliches Akku-pack mag für manche Leute bequemer sein, aber es gibt viele Möglichkeiten, den Vision Pro auch ohne ihn zu nutzen.

MAGISCHE TASTATUR

Die Vision Pro verfügt über eine integrierte Bild-schirmtastatur. Außerdem ist die Diktierfunktion sehr einfach zu bedienen. Die Tastatur ist etwas gewöhnungsbedürftig, aber wenn man den Dreh erst einmal raus hat, ist sie ziemlich intuitiv. Wenn Sie den Vision Pro jedoch zusammen mit Ihrem Mac zum Arbeiten verwenden möchten, ist eine Tastatur von Vorteil. Die offizielle Lösung von Apple ist das Magic Keyboard für 99 $. Technisch gesehen kön-nen Sie jedoch die meisten Bluetooth-Tastaturen verwenden.

Außerdem können Sie den Vision Pro mit Track-pads und Mäusen verbinden. Sollten Sie das tun? Auch hier kommt es auf den Komfort an und darauf, wie Sie den Vision Pro verwenden. Wenn Sie viel mit Produktivität und Grafikdesign zu tun haben, dann vielleicht. Das offizielle Trackpad von Apple kostet 129 Dollar, aber Sie können so ziemlich jede Bluetooth-Maus verwenden, die Sie auf Ihrem Schreibtisch haben. Allerdings ist die Augensteuerung dem Tippen auf dem Bildschirm weit überlegen, so dass Sie es vielleicht erst einmal ausprobieren sollten, bevor Sie das zusätzliche Geld für eine Maus ausgeben.

Ich persönlich habe eine Apple-Maus und -Tastatur, und ich habe ein passendes Acryl-Tablett gekauft (es kostete etwa 30 Dollar bei Amazon), um sie darin unterzubringen; wenn ich also meinen Vision Pro für die Arbeit verwende, habe ich die Tastatur und die Maus auf meinem Schoß (siehe Bild unten).

AIRPODS PRO (2. GENERATION)

Die Vision Pro wird Sie wahrscheinlich umhauen - und auch die Person neben Ihnen nerven, die nicht sehen kann, was Sie sehen! Wenn Sie in der Nähe von anderen Menschen sind und Sound benötigen, dann sind die AirPods Pro eine gute Investition (die 2. Generation hat auch USB-C Aufladung). Technisch gesehen können Sie jedes Bluetooth-Headset verwenden, aber nur die AirPods Pro bieten Raumklang.

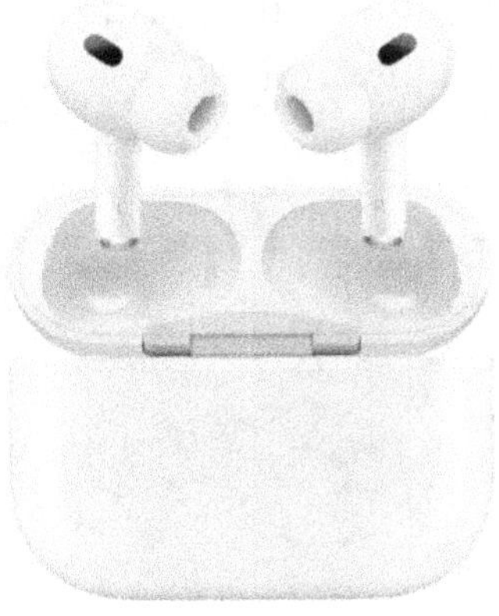

SONY PLAYSTATION® DUALSENSE™ WIRELESS-CONTROLLER

Das letzte, was Sie vielleicht noch brauchen, ist ein Game-Controller. Apple wirbt in der Apple Store App für den Sony Controller (69,95 $), aber die meisten Gaming-Controller funktionieren auch so.

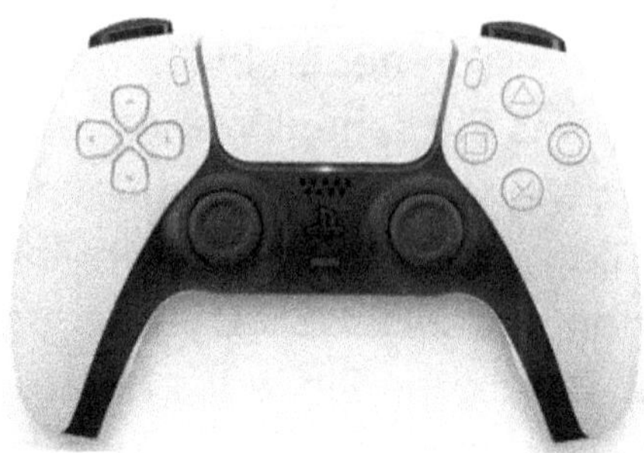

Alles, was auf dem Vision Pro funktioniert auch ohne Controller, aber einige Spiele funktionieren besser, wenn du einen hast.

INDEX

Über den Autor

Scott La Counte ist ein UX-Designer und Autor. Sein erstes Buch, *Quiet, Please: Dispatches from a Public Librarian* (Da Capo 2008) war die Wahl des Herausgebers der Chicago Tribune und ein Entdeckungstitel für die Los Angeles Times.

Er hat Dutzende von Bestsellern mit Anleitungen zu technischen Produkten geschrieben.

Er lehrt UX Design an der U.C. Berkeley.

Sie können ihn unter ScottDouglas.org erreichen.